诱点

HOOK POINT

How to stand out in a 3-second world

如何在3秒内脱颖而出

[美]布兰登·肯恩（Brendan Kane） 著

王磊 译

中国科学技术出版社

·北 京·

北京市版权局著作权合同登记　图字：01-2022-4646

图书在版编目（CIP）数据

诱点：如何在 3 秒内脱颖而出 /（美）布兰登·肯恩
著；王磊译 . — 北京：中国科学技术出版社，2022.10（2024.12 重印）
书名原文：Hook Point: How to Stand Out in a 3-Second World

ISBN 978-7-5046-9735-6

Ⅰ . ①诱… Ⅱ . ①布… ②王… Ⅲ . ①营销策划
Ⅳ . ① F713.50

中国版本图书馆 CIP 数据核字（2022）第 152853 号

策划编辑	申永刚　赵　嵘		责任编辑	韩沫言
封面设计	仙境设计		版式设计	蚂蚁设计
责任校对	吕传新		责任印制	李晓霖

出　　版	中国科学技术出版社
发　　行	中国科学技术出版社有限公司
地　　址	北京市海淀区中关村南大街 16 号
邮　　编	100081
发行电话	010-62173865
传　　真	010-62173081
网　　址	http://www.cspbooks.com.cn

开　　本	880mm×1230mm 1/32
字　　数	188 千字
印　　张	9.5
版　　次	2022 年 10 月第 1 版
印　　次	2024 年 12 月第 2 次印刷
印　　刷	北京盛通印刷股份有限公司
书　　号	ISBN 978-7-5046-9735-6/F·1046
定　　价	59.00 元

大咖推荐

你如果想在线上和线下打造一个长久的成功品牌，就必须读本书。布兰登·肯恩提供了经实践验证的策略，它能够帮助你脱颖而出，抓住人们的眼球。

——国际组织ICANN高级副总裁

莎莉·纽维·科亨（Sally Newell Cohen）

想一想，你如何才能在3秒甚至更短的时间里脱颖而出？布兰登·肯恩在本书中做了展示。他用自己的方法，通过相关的真实案例让我们知道如何去做。

——联合国AI顾问、

畅销书《AI革命：人工智能如何为商业赋能》（*Own the A.I.Revolution*）作者尼尔·萨霍塔（Neil Sahota）

一次深刻的阅读。我为能给本书写推荐语感到荣幸。

——系列畅销书和品牌"傻瓜"系列丛书（Dummies）

创始人和出版家约翰·基尔库伦（John Kilcullen）

在这个注意力碎片化的世界，脱颖而出越来越难。本书分享了获得人们关注的可靠方法，每个在社交媒体上发帖的人都应该阅读本书。

——目标导向（Goalcast）联合创始人和首席执行官

居鲁士·戈尔吉普尔（Cyrus Gorjipour）

你想为自己的品牌或业务创造需求吗？布兰登·肯恩分享了行之有效的方法。

——爆款视频工厂Jukin Media创始人及首席执行官

乔纳森·斯科格莫（Jonathan Skogmo）

美国人平均每天看到4000条广告，谁知道社交媒体上还有多少帖子。如果你想乱中取胜，打造商业或个人品牌，本书是你的秘密武器。

——创意营销公司Golden Hippo联合创始人

克雷格·克莱门斯（Craig Clemens）

当今我们被太多的信息轰炸，脱颖而出真的很难。幸运的是，本书提供了方法，能使你获得关注并长期受到关注，从而打造出一个引人注目的品牌。

——《深潜》（Stand Out）作者、杜克大学富卡商学院教师

多利·克拉克（Dorie Clark）

我们都在寻找最大的吸引点来获取市场。本书给我们展示了如何获得关注并顺势而为。如果你想让人们关注你的品牌，你需要关注布兰登·肯恩和本书。

——"照片墙"账号Wall of Comedy创始人、

《人类清除计划4》（*The First Purge*）演员、

DC漫画公司《末日巡逻队》（*Doom Patrol*）演员

乔瓦恩·韦德（Joivan Wade）

布兰登·肯恩孜孜不倦，找到了帮助市场营销人员更上一层楼的新方法。

——派拉蒙影业数字营销前副总裁

拉森·阿内森（Latham Arneson）

如果你想在线上和线下打造一个长久的、成功的品牌，不用舍近求远，布兰登·肯恩可以帮助你发现获取人们不断关注的方法。

——畅销书作者、演讲家、播主和企业家

梅丽莎·安布罗西尼（Melissa Ambrosini）

布兰登·肯恩是获取关注的大师。如果你感觉自己在一个拥挤的市场，很难在竞争中脱颖而出，本书提供了可以拿来就用的工具和策略。

——心谷大学（Mindvalley）联合创始人

阿吉特·纳瓦哈（Ajit Nawalkha）

本书是我得以成功的要素，没有它我就是一个努力吸引你关注的普通人，现在我们都知道诱点带来的实际效果！

——博士、畅销书作者、"睡眠医生"

迈克尔·布劳斯（Michael Breus）

这是一本必读书。在不断变革的世界里，本书是使你脱颖而出、扩大品牌影响力或商业版图的答案。

——《纽约时报》畅销书

《别独自用餐》（Never Eat Alone）作者

基思·法拉奇（Keith Ferrazzi）

致那些天资聪慧、心灵纯洁的人，

你们的声音正被压制或忽视。

也许本书可以指引你，

放大自己的声音，发挥自己的能量，

正向地影响世界。

序

希腊裔美国工程师、物理学家和企业家彼得·戴曼迪斯（Peter Diamandis）以X奖基金会（XPRIZE）的创始人兼主席的身份闻名于世。他提出过一个著名观点：如果今天你手里握着一部智能手机，那么你接触信息的机会比20世纪90年代后期的美国总统都多得多。通过搜索获取知识以及分享信息，智能手机让地球上的每一个人都有能力在各个方面发挥影响力。换句话说，如今大量的知识就在你的手心里。

有机会接触到如此海量的信息是一种馈赠，但是它也带来一个问题——面对每天汹涌而来的各种内容，大多数人感到应接不暇和筋疲力尽。在20世纪70年代，美国人平均每天可以看到约500条广告，而今天则介于4000到10000条之间。这导致了一种现象，即人们的注意力时长正在变得越来越有限。今天，如果你想让世界听到你的声音，你只有3秒的时间。

你的品牌或业务与外界的首次接触通常是在社交媒体上，在脸书（Facebook）上每60秒有约14.7万张照片被上传，约5.4万个链接被分享，约31.7万条状态被更新；在"照片墙"（Instagram）上每天有超过9500万张海报和视频被分享；在"油管"（YouTube）

上每天有共计10亿小时时长的内容被观看。社交媒体上存在着不可想象的巨量干扰信息阻碍着你被看到。无论你喜欢或不喜欢，如果想让人们在线上或线下注意到你的品牌或业务，那么掌握迅速获得关注的方法就非常有必要。

幸运的是，在帮助人们脱颖而出方面布兰登·肯恩是一位大师。他在30天内便拥有了百万粉丝，声名大噪。之后，他写了一本关于如何达成该目标的书《百万粉丝：我如何在30天内建立庞大的社交受众》（*One Million Followers：How I Built a Massive Social Audience in 30 Days*）。这本书给肯恩带来的演讲机会，让我得以与他相见。我邀请他登上心谷公司的舞台，分享关于数字化和社交媒体的知识。他分享的内容令我印象深刻，于是我请他做我公司的顾问。

在几个月的时间里，肯恩重新塑造了我和团队在线沟通的模式。他传授给我们不可思议的方法来提升公司营收——一旦遵照执行，就能让重要的消息浮出水面，最终赚到钱。作为一个倡导健康生活的公司，迄今为止肯恩帮助我们传达的最重要的一条信息，是关于可口可乐的负面影响和其避重就轻的营销策略的。他指导我们通过视频发起一场抵制高果糖浆的活动，在一周之内就获得了上千万的浏览量（并且还在持续增长中）。

简而言之，肯恩的思想不仅帮助我们公司发展得更好，还让我们能够传递重要的信息，影响受众的意识，从而使他们成为更加积极的参与者。这就是学会如何脱颖而出如此重要的原因——想在全世界拥有粉丝并真正有所作为，你需要知道如何与他们进行沟通。

本书将帮助你更好地和现有的客户以及潜在受众、业务伙伴沟通。你将学会如何使他们忠诚、投入，并支持你的愿景和行动。通过心谷粉丝各方面的分析，我收获了如下这些与施加影响力有关的锦囊妙计，可以助你迈出第一步：

（1）甄别你的谈话对象。根据不同对象调整你的沟通方式，他们可能是"千禧"一代、"婴儿潮"一代，或者是诸如汽车修理工等人群。

（2）成为你自己产品的受众。我的受众由热衷于转型、健康和个人成长的人员组成。每个月我都会特意去参与项目或研讨会，并且与转型领袖一起工作。我让自己亲身体验，让自己变得更加智慧、健康和幸福。然后，我与受众分享这些经历，于是，我除了是一名导师和思想领袖，同时还是我自己产品受众的一分子——一名转型的消费者。

（3）明确你的目的——搞清楚自己为什么这么做。我创办心谷公司是因为"伊芙问题"。伊芙是我6岁的女儿，每次采取行动前，我都问自己："这样做会让伊芙的世界变得更好吗？"这就是为什么我想传达的信息不只关于个人成长，同时也关于激励人们为了人类的未来创造更加美好的世界。

（4）做到真实可靠。在我的分享中，我不只会分享我对商业的看法，还会公开我遇到的问题和挑战。在过去两年里，我最看重和投入的是那些我提及的私事——我的父母如何在火灾中失去家园，我是如何从严重的伤害中通过一年的康复治疗完全复原，我甚至还分享了我和伴侣想要结束婚姻的理由。今天的人们注重意见领袖话语的真实性，当你更真诚可信时，人们会更加关注你。

肯恩在本书中囊括了这些（甚至更多的）主题。我敢说你急切地想一睹为快，但是在你开启这段旅程之前，我想强调一点，也许你已经意识到：我有什么值得分享的吗？我是独一无二或与众不同的吗？我的思想真的需要被听到吗？

答案是：除非你试一下，否则你不会知道。为什么不从今天开始呢？2008年，当我第一次开公司的时候，我只是出版其他人的著作。尽管我在相当多的领域拥有丰富经历，但我还是觉得自己太年轻、太无足轻重了，出版关于我自己思想的书是不可能的。我感觉自己还不够好，直到七年前一场灾难发生——我失去了我最重要作者的订单。灾难突如其来，困难重重，我觉得也许这就是一个信号，我应该让自己成为一名作者。当我决定这么做的时候，整个宇宙都好像在支持我。我的书《生而不凡：迈向卓越的10个颠覆性思维》（*The Code of the Extraordinary Mind*），不仅成为《纽约时报》畅销书，而且还跃居亚马逊畅销书榜前列。然而，这是我推迟了三年才写的一本书，因为我曾经认为自己实力不济。

我们所有人都会面临不安和疑惑——我们感到自己无足轻重。要知道，这些时刻通常只是自我设限，所以我们要摆脱限制，竭尽所能。当你让自己的思想流向一个可以剖析、评论、参与和塑造它们的世界时，你将会完善和发展你的思想。让公众的意见和反馈成为你的"朋友"。无论你在哪里，放弃不安，只管去做。当你实践肯恩在本书里分享的方法时，你将会变得更加优秀。

——维申·拉克雅礼（Vishen Lakhiani）

心谷公司创始人

前言

　　数字化和社交媒体已经令我们的注意力碎片化。每天有超过600亿条信息在数字平台上发出，海量的信息被不断地传送给我们。无论是短信、电子邮件、广告，还是社交媒体的推送，我们的大脑都必须调整并处理比以往更多的内容。事实上，我们每人每天平均要花约11个小时与数字媒体（包括数字视频、音频、电视、报纸、杂志等）互动，滚动浏览接近100米长的内容。人们每周平均使用手机约1500次，每小时检查自己的邮箱约30次。在脸书上，每60秒就新增400个用户，31.7万条状态更新，14.7万张照片上传和5.4万个链接分享。在"照片墙"上，每天有大约9500万张照片和视频被分享。每分钟有超过500小时的内容被上传到"油管"，每天有大约4万首歌曲被上传至Spotify[①]。

　　这种信息轰炸已经改变了我们处理信息和相互交流的方式，无论我们是在线还是离线。来自演示软件公司Prezi的新研究称，我们的注意力越来越有选择性。派拉蒙电影公司数字营销部前副总裁拉森·阿内森见证着我们交流方式的转变。他说："在社交

[①]　Spotify 是一个正版流媒体音乐服务平台。——编者注

媒体出现之前，你鲜有渠道让人们去关注你。时至今日，虽然仍然有很多信息被分享，但平台泛滥分散注意力的情况多了很多，营销人员更加艰难了。"

曾为足球运动员克里斯蒂亚诺·罗纳尔多（Cristiano Ronaldo）、国际奥委会、奥多比（Adobe）、美国电话电报公司（AT&T）以及其他许多大公司和名人创建数字内容的分享力公司（Shareability）总裁兼首席战略官艾瑞克·布朗斯坦（Erick Brownstein）同意这一观点，他说："现在不仅有更多的内容，还有更好的内容。你在时间和注意力有限的环境下参与竞争，许多信息在雪崩一般的注意力分散过程中丢失。"

布朗斯坦补充说，今天，即使你打算在公交车或广告牌上做广告，也要考虑什么能使你的营销内容在数字生态系统中得到分享。在你讲故事的过程中，你需要从社交媒体和数字优先的视角来思考，因为它影响了你要讲的故事类型和讲述的方式。这样做将使你的信息更容易被那些对新环境有更高期望的受众所接受。

连续创业者加里·维纳查克（Gary Vaynerchuk）支持这一观点，他认为我们严重低估了互联网的力量。他说："如果你不适应消费者注意力的转变，你就会失败。有很多人每天都在浪费钱做营销，因为他们在追寻'曾经'有效的东西。但现实是，昨天还有效的战术今天就会让你破产。"

为了应对我们所有这些行为上的变化，脸书开始在视频播放3秒后才将当次播放计入浏览量，而不是在视频最初加载到信息流时计入。他们这样做的原因是，广告商发现大多数人只是在滚动浏览，人们留意他们的广告并没有超过一秒，但他们就被收取了费用。脸书视频产品经理马特·帕克斯（Matt Pakes）认为，3秒表明一个人有观看视频的意图，他说："如果你在一个视频上停留了至少3秒，这就向我们发出信号，你不是在简单地滚动浏览。"

"油管"内容创作者汉克·格林（Hank Green）批评了脸书的视频观看标准，说脸书"把水搅浑了，把根本不能衡量浏览量的东西称为浏览量"。但不管这场辩论中谁是正确的，脸书的算法影响了我们在脸书和"照片墙"上消费内容的方式，这一点不容忽视。脸书（以及大多数社交平台）的算法是为了推动能够吸引和保持人们注意力的内容创作。大多数视频都没有被播放超过3秒，所以算法有助于选出那些真正能吸引人们注意力的最佳内容。

在为本书做调研时，通过回顾我自己的行为以及与营销专家和朋友的交谈，我认识到世界已经改变了。我的专注时间确实变得更短了。一段内容，一个想法，甚至一个人，都必须更加努力才能脱颖而出。如果你不能在最初的3秒或更短暂的时间内抓住人们的注意力，那么你就不能让他们注意到你的故事、产品或服务的其余部分。这就是为什么本书专注于开发 "诱点"——一种在最初的3～5秒内抓住人们注意力的方法，这样无论你是在线还是离线，都可以赢得接下来的10秒、15秒、30秒或60秒来传达你的其他信息。

学习如何成功地捕捉人们的注意力，是最有助于像维纳查克这样的人取得成功的技能。他解释说，你的目标应该是持续获得最终消费者的关注，与你的受众建立真正的关系是你实现目标的方式。例如，凯莉·詹娜（Kylie Jenner）与她的社交受众建立了牢固的关系，并利用这种关系，以6亿美元的价格出售了她51%的业务。这是因为她知道如何大规模地吸引注意力和维持关系。

很多人知道他们是谁，他们做什么——少数人甚至知道他们为什么这样做［正如概念作家和励志演讲者西蒙·斯涅克（Simon Sinek）的写作和演讲中所提及的，我们将在本书后面讨论］。但是，即使品牌或个人在这些方面有清晰的认识，他们往往也很难吸引潜在受众用足够长的时间来了解自己或品牌。许多人拥有很棒的产品或服务，却无法取得巨大的成功，因为他们不知道如何有效地谈论他们的工作。正如艾瑞克·布朗斯坦所指出的，人们通常关心的是自己，而不是你的品牌、产品或业务。如果你不断地把品牌放在你的营销内容的聚光灯下，人们会感到厌烦，这就像你去约会，而对方一直在谈论他自己，你会觉得真是无聊透顶！如果品牌方的重点是推销自己，那么他们注定要失败。相反，他们需要考虑如何为他们的受众带来价值。

这个新的现实给营销人员带来了严峻的挑战。你如何克服所有的噪声？在我写的第一本书里，我专注于教会读者如何对抗算法，以及如何创造引人注目的内容来推动各种社交平台上的流量和受众。在本书中，我将向你介绍我创建诱点的过程，帮助你在3秒内吸引注意力，这样你就可以获得新的机会，创新、扩大你的业务，并创建一个在线上和线下都引人注目的品牌。

知道如何正确使用诱点有助于你成为一个更有效的营销者和传播者。它为你提供了一个核心，助你扩展业务，打造世界级品牌。这是一个极其重要的商业工具，值得营销人员花时间去关注。

无论我是和一个刚从大学毕业的年轻人谈话，还是和一个经验丰富的亿万富翁谈话，我发现对话两端的人都在努力确定如何用简洁、吸引人的方式来包装他们的信息，以便在我们这个以3秒为限的世界发挥作用。不幸的是，不知道如何做到这一点的人将会错失机会。

我写这本书是因为我真的相信，了解如何使用诱点可以帮助个人、品牌和企业脱颖而出，更快、更稳定地达到他们的目标。这些是我和客户讨论的第一个话题，因为它们可以在很大程度上提高成功的概率。

一个好的诱点不仅能让你在3秒内抓住人们的注意力，而且还能帮助你保持这种注意力，让你的受众在未来几年内都保持活跃。

在注意力碎片化的时代，你需要诱点。

目录

第1章
诱点，你的新秘密武器 / 001

概念大混战：诱点与其他营销术语的区别 / 008

与音乐电视网、VICE杂志以及泰勒·斯威夫特合作 / 012

一个好的诱点可以改变世界 / 020

诱点使社会变得更好 / 020

诱点也可以使社会变得更糟 / 022

第2章
特斯拉和《女巫布莱尔》：创建完美诱点的步骤 / 025

诱点吸引人们走进故事 / 036

诱点会产生强烈反应 / 042

诱点能帮你包装信息 / 044

创造"模糊"的诱点 / 045

"如果-那么"公式 / 046

为你的听众而不是你自己创建诱点 / 047

新品牌必须更加努力 / 050

别去复制别人的诱点 / 050

创造有效诱点的五个步骤 / 052

通过A/B测试测试你的诱点 / 061

第3章
每天600亿条信息：如何克服干扰、杀出重围 / 065

用诱点包装你的信息 / 066

算法 / 074

3秒法则 / 076

抖包袱 / 077

如何设计完美承诺 / 078

影响才是王道 / 080

如何让你的内容摆脱无聊：以正确的节奏互动 / 082

奠定满意的基础 / 084

不要让你的观众思考 / 085

为什么电影预告片一开始会有5秒的广告 / 086

你睡觉的时候发生了什么 / 087

什么是发现页以及如何使用 / 090

测试发现页 / 094

用社交数据分析和搜索来寻找和测试诱点 / 097

搜索数据 / 098

第4章
成为超级英雄拯救地球：掌握讲故事的艺术 / 105

灵活应对 / 108

我是超级英雄，不是喜剧演员：如何发挥你的优势 / 109

注意时间：试着创造最短会议时长的世界纪录 / 109

过程沟通模型 / 112

广告中的过程沟通模型 / 114

会议和面试中的过程沟通模型 / 116

比尔·克林顿如何利用过程沟通模型成为总统 / 117

警惕不要误入歧途 / 119

过程沟通模型与电影 / 120

过程沟通模型与电视广告 / 121

过程沟通模型与社交内容设计 / 122

在有英雄和恶龙的世界 / 122

你知道你有多渴望一个简单的成功公式吗 / 124

这就是你想要的关注吗 / 126

你的品牌不是你故事中的英雄 / 127

品牌的问题出在哪 / 130

数字叙事的视觉设计技巧 / 133

令观众满意 / 134

通过电子邮件讲故事：制作陌生推销电子邮件 / 135

如何写出能让销量翻番的营销文案 / 139

让你的信息产生共鸣的黄金公式 / 141

第5章
如何避免诚信危机：一堂关于真诚、信任和可信度的大师课 / 145

你为什么要起早贪黑 / 147

好诱点可以增强可信度 / 153

总统候选人，演员休息室，以及有关真诚的一课 / 153

百万美元和三个失败教训 / 154

设定清晰的期望 / 156

当你无法交付时该怎么办 / 157

拒绝的力量 / 158

追求成功的"失败" / 159

真诚地创建内容：这到底意味着什么 / 161

产品不受欢迎的真相 / 163

第6章

学会倾听，边听边学 / 165

倾听中的"金矿" / 166

傻瓜系列丛书的诱点 / 167

更敏锐地抓住客户痛点 / 168

如何在淘金热中取胜：提出正确问题的艺术 / 171

在会面中"练习探戈" / 175

倾听异议 / 176

接受力就是创造力 / 177

联邦调查局谈判技巧——现在起保持安静，倾听 / 178

学会像运动教练一样读懂别人的心思 / 179

压力很大时试试冥想 / 180

不是追随者——而是活生生的人 / 183

第7章

倾尽所有：如何快速提升用户对品牌的需求 / 189

打破桎梏，驱动需求 / 190

为什么我们应该扼杀电梯推销演讲 / 192

让价值最大化 / 193

需要帮助——不需要经验 / 194

如何参加35次《奥兹医生秀》/ 195

获得顶级职位的秘诀 / 196

为什么很多人找不到工作 / 197

幸福的秘密（工作版）/ 200

别骗自己了——每个行业都是服务业 / 201

不要假扮受害者 / 201

如何为重要会议做准备 / 203

如何在亿万富翁中脱颖而出 / 203

莫顿盐业和美国交通安全管理局如何吸人眼球 / 204

品牌效用的重要性 / 205

如何建立一个数百万美元的T恤品牌 / 206

内容营销市场里的攀岩、单板滑雪和探险 / 207

赠送你最好的东西 / 208

获得40亿访问量的秘密 / 210

提供独特价值吸引重复访问 / 212

第8章

从诱点到规模化：48个月赚16亿美元的秘密 / 215

不要从零开始，去那些已有流量的地方 / 216

我如何利用现有流量在一个月内增长超过20万的"照片墙"新粉丝 /219

登上舞台！演讲活动如何推动业务发展 / 220

会见你的信息传递者 / 221

超级连接者 / 221

超级连接者可以改善你的产品 / 222

名人对你的品牌的真正价值 / 223

推荐的力量以及如何利用它们来发展你的业务 / 225

注意：稳步前进 / 227

瞄准更广泛的受众 / 228

1000个真正粉丝的价值 / 229

努力结合线上线下来扩大规模 / 231

如何在你的播客上亮相 / 237

开始你的第一次演讲 / 239

实现电视首秀 / 241

第9章
为顶级客户服务：如何让斯嘉丽·约翰逊和你一起吃热辣鸡翅 / 245

赛琳娜·戈麦斯和吉米·法伦边吃辣翅边哭 / 246

获取和维护顶级客户 / 247

与知名人士建立信任 / 248

是什么让首席执行官夜不能寐 / 250

在最高水平上生存的关键 / 252

一个尺码不会适合所有人 / 254

与顶级客户的相处之道 / 254

巧妙的边界艺术 / 255

当软弱等于成功 / 256

最成功的人大智若愚 / 257

第10章
摆脱诱点疲劳：不断修订、测试、创新你的诱点 / 261

你是谁 / 262

这可能并不容易，但也可能很简单 / 265

像漫威经营工作室一样经营你的品牌 / 266

找到你的关键解决方案 / 267

同理心是创新的最大驱动力 / 269

包容才能成功 / 270

诱点马拉松 / 271

诱点疲劳：即使你成功了，也要继续不停地尝试 / 271

每周都会有新的诱点 / 273

创建诱点的5步流程是你的救生筏 / 274

第1章

诱点，你的新秘密武器

　　每一次你打开手机、阅读新闻、切换电视频道、收听广播，或者关注一块公告牌的时候，都会被淹没在浩瀚的信息、内容和广告之中。为了能够真正地脱颖而出，抓住别人的注意力，你需要一个有效的诱点，否则你就会被淹没在海量的信息中。那么，什么是诱点呢？诱点可能是一段文字（比如一个短语、标题或文案），一个结论，一种概念（比如，一副画像或一段视频），一种个性的展示或一场表演，一个产品或服务，以及以上元素的各种集合。它能够在最短的时间内抓住观众的注意力，在线上和线下均可使用。

　　我和我的团队一直致力于研究如何在3秒或更短的时间内抓住一个人的注意力，尤其在设计数字社交平台内容的时候更是如此。诱点的目的就是让人想要更多地了解你的内容或产品。这有利于你创造新的潮流，成功地推出产品，收获大批拥趸，驱动巨大的营收增长，形成积极的品牌效应，得到高薪的工作机会，在一些重要会议中表现突出，争取到一流的客户，并实现其他职业相关的目标和愿景。

　　诱点这个术语源于近百余年来广告界和品牌界的诸多不同概念。为了更好地适应当前注意力碎片化的文化，我将从前被称为"头版""头条"或"大创意"的概念（品牌中的许多其他术语）进行了简单的重构和重新定义，并提出"诱点"一词。

　　大多数优秀的广告都是从一个可靠的诱点开始的，这是因为它们设计的初心是让人们向其逐渐靠近。品牌战略家克雷格·克莱门斯是世界顶级的广告文案策划（他的文案卖出了共计超10亿美元的商品）、Golden Hippo的联合创始人、一位直销领域的领军人物，他向广告界最顶尖的文案策划学习从而不断成长。他最欣赏的一位传奇人物是盖瑞·哈尔伯特（Gary Halbert），盖瑞·哈尔伯特最著名的广告推广活动是推出托瓦·博格奈（Tova Borgnine）的一个香水系列，而托瓦·博格奈正是电影明星欧内斯特·博格宁（Ernest Borgnine）的妻子。哈尔伯特在当时的一篇报纸广告中发布消息，称自己将在洛杉矶世纪广场酒店举办新品发布会。他在头条中写道："托瓦·博格奈发誓她的新香水绝不含任何非法成分。"副标题写道："著名影星的妻子将赠送1万瓶新款香水，以证明在公共场合使用此款香水是绝对安全的。"结果，超过7000人前往酒店参加了新品发布会，如果消防部门不阻止的话，可能会有更多的人强行闯入。

　　这个诱点引发的结果不可思议，这次宣传活动带来了当时美国最大的连锁百货商店美国联合百货公司的巨量采购订单，此次事件也发表在《时代》杂志上。最后，托瓦·博格奈一个月从赚2万美元增长到赚80万美元（这是1977年的数值，由于通货膨胀，它的价值相当于今天的10倍）。克莱门斯相信这个诱点之所以有如此效果，是因为人们都用香水来吸引异性。哈尔伯特将这个想法发挥到了极致：这款香水是如此撩人，以至于人们很难相信它的成分都是合法的。

欧内斯特·卢皮纳奇（Ernest Lupinacci），一位传奇文案策划师，广告代理商Anomaly的联合创始人，欧内斯特工业公司的创始人和董事会主席，曾分享过他最欣赏的诱点之一是添柏岚（Timberland）的长文案。文案标题写道："你的眼睛冻住了，你的皮肤也已经变黑了，你已经死了，我们来谈谈靴子吧。"卢皮纳奇说，作者很明显从为何体温过低的相关探讨中得到了灵感，然后写了一个标题，用一种非常戏剧化的方式描写了症状。他写了一段关于体温过低的长篇大论，然后列举了靴子的种种创新功能和设计元素。这个广告成功地吸引了想参加户外活动又不想被冻死的那类人的注意。卢皮纳奇后来补充说，诱点戏剧性地帮助人们瞬间理解了广告，甚至不需要再阅读其余部分，这充分证明了一个伟大诱点的力量所在。

从我记事起，诱点一直是文案的重要组成部分，在现在的"3秒的世界"里，诱点越发重要。欧内斯特·卢皮纳奇解释道，对于从事传统广告业务的人来说，要想在电视广告方面取得进展太难了，因为品牌方们是在几乎无穷无尽的内容之间竞争，这其中包括病毒视频①，几乎所有流媒体网站提供的电影，以及难以想象

---

① 病毒视频可以视作病毒传播的最新形态，借助电子邮件、视频博客以及抖音这样的视频托管网站，视频片段在互联网上得到大面积的传播。——编者注

的大量高品质电视节目。想要脱颖而出更加困难。

由于这些现实问题，卢皮纳奇强调，吉普（Jeep）推出以"土拨鼠日"为背景的广告真是一项了不起的成就，它是为2020年"超级碗"而设计的。广告不仅迷人、有趣、执行完美、忠实于"吉普品牌的激情澎湃和桀骜不驯"，而且成功地让观众明白了为什么要在土拨鼠日的故事中加入吉普元素。虽然牧马人吉普车不是现场的明星，但它是比尔·默里（Bill Murray）和土拨鼠的完美搭档，也是广告的关键部分。为此，卢皮纳奇赞扬制作公司Highdive、O Positive Films和吉普做到了一个伟大的品牌广告应该做的，那就是关注品牌效用，并展示品牌在消费者生活中的用处和意义。

归根结底，这则广告之所以奏效，是因为它有一些非常棒的诱点。如果没有在土拨鼠日举办的"超级碗"，如果比尔·默里不是与这个主题和地点有关的电影明星，没有这些诱点，这个广告就不会获得如此成功。艾美奖获奖导演、大桥公司（TheBridge.Co）制片人迈克·尤尔科瓦茨（Mike Jurkovac）相信使用这些诱点帮助吉普"赢得了超级碗"。他还补充说，这个诱点很有效，因为比尔·默里体现了吉普的品牌——他忠于自己，但又有点古怪——他的特点将那些会买吉普车的人联系起来。

无论你在哪里发布营销信息，都要使用好你的诱点。在过去，人们只能在印刷品或电视上看到特定主题的内容。而现在，当人们在浏览脸书、"油管"或"照片墙"时，五花八门的内容纷至沓来，如此大量的内容使得营销人员的工作更加困难，尽管他们的工作目标始终如一。迈克·尤尔科瓦茨同意此种看法并说道："实际上内容的分发和传播平台有成千上万个，不管是电视、便携电脑、电话还是报纸杂志，都在传播内容，所以，要想取得突破是很难的。"奥美娱乐前总裁，Big Block现任总裁道格·斯格特（Doug Scott）补充道，社交媒体正在促使营销人员重新评估他们关于研发、生产、交付跨平台互动赢利的项目。

诱点对你或品牌从当今的网络世界中脱颖而出特别有帮助，是你与流量骗子竞争的必要工具。流量骗子吸引眼球，但缺乏实质内容。使用诱点是一个更好、更强大的选择，因为它总是与真实且引人入胜的故事联系在一起，提供价值并建立信任和可信度（我将在后面的章节中深入讨论）。诱点不像美国新闻聚合网站BuzzFeed推荐的内容，卢皮纳奇指出，其失败的原因在于"这些骗取流量的内容并不真正值得花时间去看，也无助于构建品牌"。相反，卢皮纳奇建议，当你创造出诱点时，你应该在你的脑海中回响起《侏罗纪公园》（*Jurassic Park*）中伊恩·马尔科姆博士（Dr.Ian Malcolm）的声音："科学家们太担心他们是否能创造出恐龙，以至于他们没有考虑是否应该这么做。" 在这个标题至上的时代，为了把这个理念应用到广告上，卢皮纳奇问道："我们往往为了获取点击量而创作文案。但我们应该这么做吗？这就是我们投资品牌的方式吗？"

最重要的是，知道如何创造有效的诱点不仅可以帮助你发展品牌并保持受众黏性，还可以帮助你生存下去。如果百视达（Blockbuster）了解并使用诱点，他们就不会破产了。网飞（Netflix）刚成立时，百视达是他们最大的竞争对手。这就像大卫迎战歌利亚，网飞绝对是大卫，他们赢得了市场，因为他们有更强的吸引力。他们使用的第一个诱点是把DVD送到你的家门口，你可以退货而不用交滞纳金。但现在我想让你明白，百视达之所以失败，是因为他们没有想出任何原创的诱点——他们只是试图复制网飞，而且也没有那么巧妙，他们还错过了最重要的诱点，那就是开发强大、原创的内容，并围绕原创内容引导观众刷剧。2010年，曾经市值约84亿美元的百视达申请破产，之后网飞成长为市值超1800亿美元的公司（截至2020年）。这家曾处于劣势的初创公司之所以能够打败大公司，是因为他们有更有效的诱点。我们在亚马逊的崛起中也看到了类似的事实。通过大量的诱点，包括世界上最大的书店（他们的第一个诱点）、一键结账、亚马逊Prime、Kindle、周日快递服务、亚马逊Echo等，亚马逊从Borders、Radio Shack、Payless等大型商店抢走了市场份额。重点是，无论目前你的公司规模或地位如何，学习怎样通过诱点思维想出诱点，可以帮助你不断创新，并在今天的市场中存活下来。

请记住，人类的注意力持续时间总是很短暂的，而我们"注意力碎片化"的新世界反映了这一事实。由于数字化和社交平台将我们所有人联系在一起，使信息更容易获取，互联网继续以令人难以置信的速度发展。正如序言中提到的，我们每天被超过600亿条信息淹没，这使得我们当中的任何一个人都很难脱颖而出。如果你不能在3秒内——或者任何给定的时间内——抓住受众的注意力，你就无法让他们注意到关于品牌、产品或服务的其余部分。此外，重要的是要意识到，要建立一个长久的品牌，你不能只寄希望于一次就能抓住人们的注意力，你必须做到始终如一、坚持不懈。我将在这本书中教给你诱点思维，帮助你抓住人们的注意力，赢得接下来的10秒、15秒、30秒或60秒（甚至更长的时间），一次又一次地传达你余下的信息，这样你就不会失去市场份额，一直保持竞争力。

概念大混战：诱点与其他营销术语的区别

有人问过我，诱点是否等同于独特卖点、标语、使命宣言或品牌宗旨。答案是："有时候是。"独特卖点指的是一个公司、服务、产品或品牌所展示的独特利益，使其能够从竞争对手林立中脱颖而出；标语是在营销过程中使用的简短、难忘的短语，它应该传达出你希望人们与你的品牌产生联系的主要情感或感觉；使命宣言是一个公司的价值观，品牌宗旨是它存在的原因。在营销活动中，诱点必须能吸引足够的注意力。在市场营销活动中，如果使用独特卖点、标语、使命宣言或品牌宗旨作为你的诱点来吸引人们的注意，那它们的作用可能是一样的。

如前所述，当网飞刚起步时，他们最大的竞争对手是百视达，所以网飞的诱点是把DVD送到你的家门口，你可以退货而不需要交滞纳金，这就是其独特卖点。后来，他们开始制作诸如《纸牌屋》（*House of Cards*）、《女子监狱》（*Orange is the New Block*）、《怪奇物语》（*Stranger Things*）等原创内容，这也是他们的诱点和独特卖点。另一个把独特卖点当诱点的案例是网飞发明了一种刷剧模式，即一次性发布一部剧的所有剧集。在所有这些案例中，独特卖点和诱点一样发挥了特别的作用。

然而，有些时候，独特卖点（以及标语、使命宣言或品牌宗旨）并不是诱点的最佳选择。迪士尼就是一个很好的案例，说明独特卖点不同于它的许多诱点。迪士尼的独特卖点是，他们用体验和内容将家庭成员聚在一起。但这听起来很普遍，并不是他们在营销活动中使用的诱点。相反，他们不断开发许多不同的诱点来吸引人们的注意力，让人们一次又一次地观看他们的电影和有线电视频道，并吸引人们探访他们的主题公园。

迪士尼投入巨资的一个诱点是"星球大战"主题园区。很少有人知道它的口号或名字（园区的名字叫"星球大战：银河边缘"），但他们都知道迪士尼乐园和迪士尼世界开设了一个"星球大战"主题区，这让孩子们参观时兴奋不已。迪士尼一开始遇到了一些麻烦——一些人认为这是票价上涨的原因，另一些人则担心排队买票的人会变长（试看这个诱点如何长期有效运行是一件特别有意思的事情）。无论如何，迪士尼已经多次在其主题公园中使用与娱乐内容相关的诱点——许多景点（尤其是较新的）都是基于电影场景布置的（如《海底总动员》《银河护卫队》《小美人鱼》《玩具总动员》《小飞象》等），各种角色形象穿着戏服在公园里闲逛，与粉丝见面（比如《冰雪奇缘》中的艾莎、《白雪公主》中的白雪公主等）。事实上，迪士尼目前正致力于围绕漫威电影推出其主题公园。这可能是因为2019年迪士尼最大的营收（约262.3亿美元）来自其主题公园业务及相关体验。迪士尼的媒体网络推动了主题公园的发展，2019年创收248.3亿美元；而在迪士尼2019年总营收715.4亿美元中，迪士尼电影只占有111.3亿美元。由于主题公园已被证明是强大的营收驱动因素，迪士尼开始进一步投资，收购了皮克斯、漫威和卢卡斯影业——所有这些对迪士尼的品牌和业务而言都是巨大的诱点。

耐克是一个非常典型的案例，说明一个品牌的诱点可以不同于他们的独特卖点、标语、使命宣言和品牌宗旨。耐克的标语是"想做就做（Just Do It）"，而他们的鞋子就是他们的独特卖点。他们的使命是"为世界上每一位运动员带来灵感和创新"，而其宗旨是"通过体育团结全世界，为所有人创造一个健康的地球、活跃的社区和平等的竞争环境"。这些元素都不能反映耐克的诱点。但他们在营销活动中使用的诱点与他们的标语、独特卖点、使命宣言和品牌宗旨相一致。他们赞助的运动员和名人，如勒布朗·詹姆斯（LeBron James）、塞雷娜·威廉姆斯（Serena Williams）、凯文·哈特（Kevin Hart）和迈克尔·乔丹（Michael Jordan）就是他们的诱点，以此吸引人们关注品牌，了解更多耐克的价值观。与运动员和名人的联系有助于耐克的宣传与推广，并允许他们以创新的方式传达信息。这也是耐克每年在赞助或代言上花费超过60亿美元，是世界上最大的运动员赞助商之一的部分原因。代言是吸引人们的一个重要部分，而且是值得的。

克莱门斯分享了耐克品牌诱点的演变过程。他解释说，当耐克刚起步时，他们的诱点是制造最好的跑鞋。随着这种诱点的吸引力逐渐消退，他们开始巧妙地请职业运动员代言（请记住，这是1972年，那时代言还不是一个巨大的产业），并以此作为他们的诱点。耐克赞助的首批运动员包括罗马尼亚网球运动员伊利·纳斯塔斯（Ilie Nastase）、奥运田径新星史蒂夫·普雷方丹（Steve Prefontaine）以及篮球运动员迈克尔·乔丹。现在，他们赞助了大量的运动员，而且总是有新的诱点出现。最近，国际奥委会正考虑禁止耐克ZoomX Vaporfly跑鞋，这成为一个惊人的诱点。体育科学记者亚历克斯·哈钦森（Alex Hutchinson）解释说："历史上最好的5次男子马拉松比赛成绩都是在过去13个月里产生的，选手们都穿着Vaporfly跑鞋。" 科学家认为，Vaporfly跑鞋给跑步者带来了优势，使他们的跑步效率提高了4%，这双鞋真的帮助他们打破了人类以前认为不可能打破的纪录。这一争议是吸引消费者购买此款鞋的一大诱点。

虽然新的诱点不断出现，但是耐克的个性和风格不会改变。他们的诱点只是不断发展，吸引人们的注意力，把他们带回到品牌的初衷。诱点必须演进，因为随着时间的推移，文化和消费者都会改变——诱点应该去适应他们的需求，但耐克的核心是不变的，这就是为什么他们的独特卖点和标语是不变的。

诱点改变的另一个原因是，市场已经饱和，品牌需要找到新的方法来吸引眼球。今天有用的东西6个月后就不一定有用了，尤其是当竞争对手发现并试图使用类似的方法时。耐克明白这个道理，并且已经成为一个在不失去核心焦点的情况下发挥其诱点的大师——他们从不创造没有实质支持的标题诱饵来吸引人们的注意力。他们所有的诱点都与品牌的核心价值观相一致并将人们带入故事或情境中，使标语、独特卖点、使命宣言或品牌宗旨得以存在并具有实际意义。

与音乐电视网、VICE杂志以及泰勒·斯威夫特合作

在我的整个职业生涯中，我都在使用诱点思维——这是我成

功的关键。诱点帮助我赢得了像音乐电视网（MTV）、泰勒·斯威夫特（Taylor Swift）、Vice杂志和派拉蒙影业这样的客户；获得出书、播客采访、电视露面等机会，并让我在30天内在社交媒体上吸引了100万个粉丝。

虽然我一直很擅长创建诱点，但直到2005年我搬到洛杉矶从事电影事业时，我才真正意识到它们的重要性。我从最底层开始，在湖岸娱乐（Lakeshore Entertainment）担任制片助理，这家公司负责制作电影，其中包括《百万宝贝》（*Million Dollar Baby*）、《黑社会》（*the Underworld*）系列和《丑陋的真相》（*the Ugly Truth*）等电影。当时，我觉得自己是万里挑一的人，却迷失在茫茫人海中，原以为要想在电影行业中取得一席之地，我需要一辈子的时间。但按照我在本书中的方法，我用了不到一年的时间，就成了湖岸娱乐第一个数字部门的主管。正如我在本书中教给你的，通过学习和理解如何打磨诱点和故事，我传达了强有力的诱点和价值主张，这让我快速得到晋升机会。

但事情发生得很快并不意味着就很容易。我一直在寻找创新的方法让自己脱颖而出。随着时间的推移，我认为我需要和湖岸娱乐总裁加里·卢切西（Gary Lucchesi）建立联系。一天，我把剧本送到他的办公室并听到他和助理的谈话："我不明白为什么刚开始工作的新人都不来办公室问我更多的问题。" 他曾是派拉蒙影业的负责人，曾是凯文·科斯特纳（Kevin Costner）、约翰·马尔科维奇（John Malkovich）和米歇尔·法伊弗（Michelle Pfeiffer）的经纪人。他很了解这个行业，似乎想要指导更多人。

一听到他有想回答问题的意愿，我就试着和他预约时间，但他的助手对我不感兴趣。为了绕过这个"障碍"，我开始每天下班后守在他的办公室门口等他。如果他在打电话或者看起来很忙，我不会打扰他。但在那些日子里，当他看见我打招呼时，我会趁机陪他走到他的车前，问他一些问题。

一开始，我们的谈话集中在电影制作上，因为这是我一开始就想做的。我倾听他的观点，并努力吸收我所能吸收的一切。就这样过了几个星期，我意识到我可以为他提供独特的价值。

我精心安排了一场关于我的背景的谈话。吸引卢切西注意的一点是，我在大学期间创办了几家互联网公司（这种情况在当时很少见），而且我对数字平台的运作也很了解。我向他展示了我可以有效地利用数字平台帮助他推广他正在制作的电影。我展现了敏锐的洞察力，并抛出了合适的诱点，这使我从只负责煮咖啡和复印文件的私人助理，到创建了湖岸娱乐的第一个数字部门只用了不到一年的时间。从那时起，我开始参加市场营销会议，并被带到其他与湖岸娱乐合作的工作室。电影公司、导演、演员和编剧开始就如何通过社交媒体宣传电影征求我的意见，而所有的这一切都是从那时发展起来的。因为我对数字领域的了解，我甚至被请来帮助改写一部以黛安·莱恩（Diane Lane）为主角的电影的部分剧本，这部电影名叫《网络杀机》（*Untraceable*），讲述的是一个连环杀手在网上直播死亡。

最终，我找到一个新的诱点，让我在湖岸娱乐的职业生涯进入另一个阶段。两年后，我提出了一个关于广告形式的想法，这个想法源于我在美国在线社交网站名为"聚友网"（*Myspace*）上做的研究。当时，福克斯新闻集团（Fox News Corporation）以5.8亿美元的价格收购了聚友网，我正试图弄清楚他们如何有效地将聚友网变现。我注意到他们面前有一座金矿，但却错过了最有价值的广告形式。聚友网用户总在他们的个人档案上张贴他们最喜欢的电影预告片、音乐视频和他们最喜欢的品牌海报。同龄人互相分享内容——这是最好的口碑广告，也是最早的影响者营销形式（在社交媒体影响者出现之前）。我相信聚友网可以通过点对点广告来将其网络变现。当时，他们只能从横幅广告中获得最低的每千次展示成本（CPM）——这并不能规模化也不能赢利，而这正是他们商业模式的主要问题之一。

我提出的想法是人们可以从这种新的数字行为中赚钱。我指出用户可以在他们的聚友网主页上张贴电影预告片和品牌海报。我解释说，这是最有价值的广告形式——朋友告诉朋友，"看看这个产品或服务吧"——并且我们可以从中赚钱。比起获得1美元的CPM，你可以向公司收取每点击一次1美元（或者更多）的费用。我解释了社交媒体广告在这个概念下的发展潜力。

现在回想起来，这种广告形式可以比作有史以来第一个社交媒体影响者平台。聚友网用户可以从我们的库中选择一个他们感兴趣的内容相关的电影预告片、商业广告或横幅，并将其放在自己的聚友网页面上。然后，任何时候只要其他用户点击到这些广告中，那些在个人资料中贴有广告的用户就会得到报酬。这与今天的社交媒体影响者平台非常相似，但同样地，因为那是在2007年左右，社交媒体影响者还不存在。不知不觉，我已经为影响者营销模式做了铺垫。

我把这个想法带到了湖岸娱乐的总裁和另一位商业顾问那里，得到了他们的投资。我做了一个平台的原型，在完成后我们开始把它带给不同的商业伙伴。在这段时间里，我不得不变得非常擅长奇思妙想。当你只是一个刚刚开启职业生涯的孩子，试图让大公司或合作伙伴关注你的另一项初创项目时，你必须表达清晰、与众不同，最重要的是，你必须脱颖而出。你需要弄清楚如何吸引他们的注意力以及建立信任，否则大公司要么不会和你开会讨论你的项目，要么开会但不把你当回事。

我们最后会见了维亚康姆（Viacom）、音乐电视网、雅虎、派拉蒙、米高梅、福克斯、聚友网和脸书的对接人（那时候它的员工还不到400人——所以，是的，直到今天我都后悔自己没有努力与它们达成协议）。最终，我们与音乐电视网达成了一项授权协议。通过这次合作，我们对平台进行了多次迭代，并成功地对

《摇滚乐团》（*Rock Band*）游戏、Vice杂志、音乐电视网、CMT
（面向全美的乡村音乐电视台）、VH1（一家总部位于纽约的音
乐频道）和维亚康姆进行了大量成功的测试。没有多少人知道
Vice杂志的视频部门最初是音乐电视网和维亚康姆的合资企业。
音乐电视网投资了几百万美元让它开始运作，几年以后Vice也赎
回了一些股份。因为在我向音乐电视网授权的时候他们是合作伙
伴，我见到了Vice的创始人沙恩·史密斯（Shane Smith）和他们
的创意总监艾迪·莫瑞迪（Eddy Moretti），他最终也获得了我们
的授权。由于一些复杂的因素——主要是它在数字领域出现得太
早——这个平台从未向公众推出。我不认为这是失败。在这个过
程中，我学到了很多，也建立了稳固的人际关系。最重要的是，
这个诱点和围绕平台的故事足以让人买账，并为我的下一个诱点
和产品铺平了道路。

此后不久，我开始开发一种可以动态编写代码的网站技术，
类似于我们现在通过Wix和Squarespace等公司获得的技术。我把
这个平台的原型带到了音乐电视网，并以另一笔可观的费用授权
给了他们。当时，维亚康姆（音乐电视网、VH1的母公司）正在
通过音乐电视网的网络帮助许多音乐家和名人成为大明星，让
他们对这个网站技术感兴趣的诱点就是从这个事实发展起来的。
但维亚康姆并没有直接从任何人的一举成名中获利。我的技术为
他们提供了一个与这些明星和名人发展商业关系的机会。通过这

样一种工具，维亚康姆可以帮助名人扩大他们的数字业务，反过来，音乐电视网也可以从中分一杯羹。

就在我们达成许可协议后不久，音乐电视网的首席执行官问我是否想与泰勒·斯威夫特就产品问题进行面谈。那时候我还不知道她是谁，她的事业蒸蒸日上，但还没有像今天这样成为全球巨星。我参加了这次会议，主要是和斯科特·波切塔（Scott Borchetta）——Big Machine Records［最终卖给斯库特·布劳恩（Scooter Braun）］的创始人——当时泰勒·斯威夫特所在的唱片公司。

我第一次见到斯科特·波切塔时，是在洛杉矶的格莱美颁奖礼彩排后台。突然，泰勒·斯威夫特大声唱着歌走进房间，我们简短地交谈，但会面的重点是向波切塔展示网站技术对他们数字业务增长的价值。在那次会面之后，一切进展顺利，我和泰勒·斯威夫特的父亲、母亲，最后和泰勒·斯威夫特见了几次面。

在每次会面中，我都必须了解每个人对形势的看法并倾听他们的担忧，这样我才能用不同的诱点和价值主张来满足他们的需求，并解决他们特定的痛点。专注地倾听，精心地打磨诱点来解决他们的担忧是我成功的关键。

波切塔和泰勒·斯威夫特的父亲担心他们在一个Flash网站上花的钱已经达到了六位数。他们对自己的投资和花了两天时间才更新的网站感到沮丧。为了解决这些问题，诱点和后续对话都是围绕着他们能通过我们的平台节省和赚多少钱展开的。此外，他们还担心目前主页跳出率高达90%，这将导致他们失去自己商店的电子商务收入。我解释说，有了我们的技术，我们可以动态优化网站，降低跳出率，让人们在网站上停留更长的时间。我们可以在数小时内建立一个全新的网站，在不需要知道如何阅读和编写代码的情况下，团队中的任何成员都可以动态更改网站。

这些诱点吸引了他们，最终我们之间建立了足够的信任。我赢得了与泰勒·斯威夫特直接会面的机会，那时，我已经非常了解她想要什么了。从与她团队的各个成员的讨论中，我意识到很多事情她都亲力亲为。她喜欢浏览自己的网站，对其进行定制，并与粉丝积极互动；但她也很沮丧，因为她不能像修改自己的社交媒体账户那样随意修改自己的网站。当我们见面时，我向她展示了用我们的技术在不到6个小时内为她建立的全新网站，并告诉她，她可以在几分钟内，在不修改任何代码的情况下，自行改变它的任何部分。我甚至让她用鼠标改变整个网站的背景和不同的专辑插图，并告诉她如何改变导航系统，而不需要编写任何代码。她亲身体验到这项技术可以让她快速表达自己的创造力，这让她兴奋不已。那次会议之后，泰勒·斯威夫特成为我们平台的第一个主要客户。

知道哪些诱点指向特定的对象，以及如何用一种能得到结果的方式去表达，你需要参照本书中的流程。如果你遵循它，你将有更多机会参加你一直梦想的大型会议，它将帮助你更有效地营销你的产品和服务，无论是线上还是线下。

一个好的诱点可以改变世界

在职业生涯早期，我便清楚诱点的有效使用对于市场营销、文案撰写、品牌推广和自我定位的成功至关重要。但直到我和我的朋友克莱门斯交谈时，我才意识到，一个伟大的诱点不仅有助于成功，实际上它还可以改变世界。

当我们讨论诱点及其可能产生的影响时，克莱门斯分享道，在20世纪20年代，克劳德·霍普金斯（Claude Hopkins）——一位伟大的广告先驱和现代营销之父——创造了包括固特异轮胎和桂格燕麦在内的至今还活跃在我们周围的知名品牌。

诱点使社会变得更好

关于克劳德·霍普金斯最著名的故事之一是关于他如何让现代人开始刷牙的。20世纪20年代，有一家牙膏制造商叫白速得（Pepsodent）。他们找到克劳德·霍普金斯，请他帮助他们销售更多的牙膏。克劳德·霍普金斯说："你们知道，这是个小市场……"这是因为，在当时，只有5%的人每天刷牙。这听起来很恶心，但在当时我们并没有现代的健康标准。除了每周有一到两天的时间刷牙，每个人从你身边路过时都有很难闻的口气。

霍普金斯意识到，要提高白速得牙膏销量的最好办法就是去争取95%那部分很少刷牙的人。他想出了一个绝妙的广告，解释说用牙膏去除牙齿上的薄膜会使人看起来更干净、更漂亮。

该活动以海报女郎和服役的男性为典型形象，他们就像当时的名人一样，被用作诱点用来表明好看的人都会刷牙，这样他们就可以保持超级洁白的牙齿。该产品的标语是："白速得牙膏让牙齿更亮。"杂志广告上写着："薄膜，一种会使牙齿失去洁白的危险涂层。这里有一种能迅速恢复光彩的方法。"广告上还解释说，你需要每天使用白速得牙膏，每天两次，这是一种既便宜又快捷的方法来让自己变得更美，让自己看起来像个明星——这也是该产品的另一个强大卖点。

这次活动取得了巨大成功。很快，白速得1957年的广告歌就到处都是了："用上白速得，'黄牙'见不得。"白速得牙膏的供应商甚至到了产品供不应求的地步。它不仅成为十年来最畅销的产品之一，也是多年来最畅销的牙膏，而且它还刷新了每天刷牙的人数。十年内，刷牙人数占总人口的比例从5%上升到了65%。

一个正确的诱点可以改变世界，这真是太神奇了。用克莱门斯的话来说："如果你曾经吻过一个有口臭的人，那么你一定会明白刷牙对于改善我们的生活是多么重要。"

诱点也可以使社会变得更糟

诱点也可以用来把世界变得更糟……

将时间调回到1962年，爱德华·伯内斯（Edward Bernays）成了公共关系之父，他也碰巧是西格蒙德·弗洛伊德（Sigmund Freud）的侄子。他研究了弗洛伊德的心理学理论，如群体心理学和精神分析学，并将其应用于消费者公共关系——这个术语是他发明的，并为此在1945年写了一本书。伯内斯创办了有史以来第一家公共关系公司，并与一些包括总裁和首席执行官在内的非常有权势的人成为朋友，用他拥有的知识和力量，他做了许多令人惊奇的事情。不幸的是，并不是一切都是美好的。

美国烟草公司的乔治·华盛顿·希尔（George Washington Hill）问爱德华·伯内斯，他们怎样才能促使更多的妇女吸烟？伯内斯联系了心理分析学家亚伯拉罕·布里尔（Abraham Brill），后者向一位女权主义者透露，香烟象征着不服从，以及摆脱男性压迫的自由。这成为他广告的切入点。

爱德华·伯内斯决定用一种不像广告的自然方式来吸引媒体的注意（这在当时是一种革命性的行为）。他选择在当季最大的社会活动——1929年纽约复活节大游行上做这件事。各式各样的上流社会人士被安排参与花车活动，其中一辆花车上有一群初入社交圈的少女，她们的地位相当于我们这个时代的帕丽斯·希尔顿（Paris Hilton）和卡戴珊（Kardashian）姐妹。伯内斯在游行前联系了媒体，告诉他们一群女权游行者将在游行中"点燃自由的火炬"。他会给初入社交圈的女士和其他女士一包"好彩香烟"（Lucky Strike）。她们被指示在花车穿过街道之前不要点燃这些香烟，而摄影师正急切地等着给她们拍照。1929年4月1日，《纽约时报》报道了这一事件，并写道："一群女孩抽烟是一种'自由'的姿态。"

这些少女们用她们的"自由火炬"宣布独立和力量的新闻导致女性吸烟率大幅上升。仅在那一年，女性烟民的百分比就上升了7%，这使得人们对女性烟民的看法产生了持久的影响。即使在今天，当人们想到女性吸烟者时，他们看到的都是像超级名模凯特·摩丝（Kate Moss）那样的人——一个穿着皮夹克的坏女孩在燃烧。这种深入人心的印象是诱点的一个负面产物。

● ● ● **本章回顾** ● ● ●

① 一个诱点可以是一段文本（例如，一个短语、标题或一份副本），一种见解（例如，从统计学角度、专业人士的观点、哲学或个人的想法），一个概念，想法或一种形式（例如，一幅图像或视频），一种个性，一种表演（如音乐、体育、表演或节奏），一种产品/服务，或者

这些元素的部分或全部集合。诱点可用于线上或线下，旨在在尽可能短的时间内吸引受众的注意力。

2 诱点可以让你的粉丝数量大幅度地增长，实现有力的品牌触达，还能帮你获得工作机会，并在重要会议上表现良好。它们还可以帮助你找到一流客户，推动巨大的营收增长，以及实现其他与职业相关的目标和抱负，包括播客采访、演讲和电视露面等。

3 诱点并不是点击诱饵——它是与真实且引人注目的故事相关联的，它能够提供价值并建立信任，提升你的可信度。

4 我们每天都被淹没在超过600亿条信息中，这让我们很难从中脱颖而出。

5 诱点思维可以帮助你吸引人们的注意力来传达你的信息，这样你就不会失去市场份额，并一直保持竞争力。

6 随着市场的不断变化和饱和，诱点需要不断更新。

7 作为一个品牌，诱点应该始终忠于你自己的核心。

8 伟大的诱点可以改变世界。

第2章

特斯拉和《女巫布莱尔》：
创建完美诱点的步骤

当为一个公司、一个产品，或者一段内容开发诱点的时候，通常都基于我认为受众想要什么或者需要什么。我的第一个想法就是：我如何能够解决我的受众特有的痛点或者问题？我的受众正在寻找，但是还没有找到的结果是什么？例如，"在30天内从零开始到拥有百万粉丝"这个诱点之所以吸引人，是因为人们需要广泛的、有效的社会关注，但他们不知道怎么做。通过利用人们想要在社交媒体上推销自己的渴望，我得到了他们的关注。不过请注意，我并没有说"我将会帮助你在社交媒体上快速涨粉"或"让我教你如何在社交媒体上快速涨粉"。我仅仅做了一个大胆自信的声明："在30天内从零开始到拥有百万粉丝。"（稍后我们将详细介绍如何构建一个引人注目的诱点，但我希望你们在阅读本章中创建的诱点时意识到这一区别。）

即使我将诱点作为本书的标题，但"如何在3秒内脱颖而出"才是满足痛点的关键。品牌和个人正努力从竞争中脱颖而出。他们想要创造或找到更好的工作，获得更多有声望的客户，推动收入增长，达成更大的交易。实现这些目标很大一部分只取决于让某人关注你足够长的时间，以便你有机会阐述你的产品线、服务和品牌的价值。

如果你想让自己显得独特、受人欢迎，而且与众不同，专注于如何定位自己的价值主张以激发潜在受众将有助于你走得更远、更快。让我们深入了解一些已经开发出极好诱点的人和公司的案例吧。

案例 用诱点俘获更多的观众

　　纪录片制作人金国威（Jimmy Chin）和伊丽莎白·柴·瓦沙瑞莉（Elizabeth Chai Vasarhelyi）拍摄的影片《徒手攀岩》（*Free Solo*）荣获2019年奥斯卡最佳纪录片奖。这部电影的诱点是剧情。这是一部关于一位名叫亚历克斯·霍诺尔德（Alex Honnold）的职业攀岩者的故事，他是第一个**不用绳索**攀登酋长岩（El Capitan，一片位于约塞米蒂国家公园的900米垂直岩石面）的人。不用绳索攀登是他的新奇之处，这吸引了观众关注。我用粗体写了"不用绳索"，因为那是诱点，如果霍诺尔德是用绳子爬上的酋长岩，这个诱点就不那么强烈了。

　　能够证明这一点的是，作为制片人，金国威和伊丽莎白·柴·瓦沙瑞莉以前曾拍过一部名为《攀登梅鲁峰》（*Meru*）的电影，讲述了喜马拉雅山梅鲁峰"鲨鱼鳍"路线的第一次绳索攀登。《攀登梅鲁峰》的预告片有一个很好的诱点，展示了制片人在攀登梅鲁峰时是如何认为他们将要死去的。

它立刻吸引了你，并且让你想要知道登山者们是否能幸存下来，但这部电影并没有获得评论界的赞誉和《徒手攀岩》那样的成功票房。

我个人觉得《攀登梅鲁峰》是一部更好的电影（我是一个对攀岩一无所知的人），但是《徒手攀岩》中的诱点更强烈，因为霍诺尔德在没有绳索的情况下奋力登顶，而在这个过程中，电影无时无刻不在给观众刺激：他要么向上攀爬，要么跌入万丈深渊。预告片让你意识到，在攀登过程中，霍诺尔德随时都可能死去——它让你在观看时挪到座位边缘，仿佛身临其境。我想说清楚的是，《徒手攀岩》是一部好电影，但我相信它票房高并赢得了奥斯卡奖，是因为它强大的诱点。诱点使这部电影能够攻破那些对攀岩毫无兴趣的主流观众。

《徒手攀岩》是一个极好的例子，证明一个产品或一个想法本身可以成为一个诱点。你不必冒着生命危险去寻找一个好的诱点，但你确实需要一些有故事价值或与众不同的东西。你需要一些能够被包装的东西，这些东西是简洁的、引人注意的、有影响力的、有趣的，以及真实的。你想俘获观众的注意力，就得让他们想要更多。

案例 "一帮一"带来的成功

当布莱克·麦考斯基（Blake Mycoskie）创办汤姆斯鞋业公司（TOMS）时，他最初的目标是"一帮一"（ONE FOR ONE）——这意味着消费者每购买一款产品，汤姆斯鞋业就会代表他们资助一个需要帮助的孩子。布莱克·麦考斯基有一个强有力的故事来支持他的诱点。2006年，他去参观阿根廷的一个小村庄，发现那里的孩子没有鞋子穿。为了帮助这些孩子，布莱克·麦考斯基提出了"一帮一"的概念，这成为他的诱点，使公司得以成功并快速发展。事实上，截止到2014年，贝恩资本（Bain Capital）向汤姆斯鞋业投资了共计3.13亿美元，使其估值超过6亿美元。

不幸的是，在过去的几年里，该公司的增长明显停滞——出现了负面信用评级和破产传闻。著名评级机构穆迪（Moody）的一份报告称，2018年汤姆斯鞋业的净销售额约为3.36亿美元。星巴克（Starbucks）和T-Mobile（德国电信的品牌）的前高管吉姆·阿林（Jim Alling）自2015年以来一直在汤姆斯鞋业工作，他承认，当他们开始将更多精力放在设计上而不是使命上时，该品牌陷入了困境。他说："你必须擅长制鞋，但使我们与众不同的是我们的整个故事。"

最初的诱点已经被其他品牌模仿了很多次，因为它帮助汤姆斯脱颖而出，获得资金并快速发展。但事实上，这种对诱点的模仿是导致最初的诱点失去活力的原因之一，也是需要推出新的诱点以保持公司的优势并使其在竞争中脱颖而出的原因。

现在，汤姆斯正转向其他社会热点问题，希望发展出不同的诱点并扩大品牌影响力。无论如何，迄今为止，汤姆斯已经向儿童捐赠了超过3500万双鞋，并扩展了业务模式。该品牌已经向25万需要帮助的人赠送了眼镜，并向5个国家赠送了洁净水。

案例 无滞纳金

如前文中提到，网飞公司最初的诱点是"无滞纳金"。他们知道，从百视达（他们最大的竞争对手）租电影的一个令人困扰的问题是，你总是要去商店租影碟，然后再归还影碟。而如果你晚一天归还影碟的话，就会被收取滞纳金。显然网飞的首席执行官里德·哈斯廷斯（Reed Hastings）并不喜欢这样。

有一次，哈斯廷斯从百视达公司租了电影《阿波罗13号》（Apollo 13），后来因为找不到影碟晚还了几天，被罚了40美元的滞纳金。在他沮丧而尴尬地离开商店后（几乎每个百视达的顾客都能体会到这个痛苦——包括我自己），他开车去了健身房。在去的路上，他开始思考一个更好的影碟租赁系统。他在想，为什么不能像健身房那样呢？如果人们按月支付费用，每月无限量地租借电影呢？此后不久，网飞开始给人们邮寄DVD，一次三张，公司就这样诞生了。

网飞的发展已经超越了最初的起步阶段（也发展出了不同的诱点），但最初的诱点"无滞纳金"不仅吸引了人们对一个小创业公司的关注，也为它成为今天的媒体巨头铺平了道路。随着时间的推移，这个诱点让网飞占据了市场的主导地位，打败百视达（百视达没能拿出新的诱点来保持自己的市场份额），并成为世界上最有价值的媒体服务提供商之一。网飞在2018年创造了158亿美元的收入，并在当时拥有约1.25亿注册用户（成绩还算不错）。

案例 赛博皮卡的"疯狂"诱点

特斯拉的赛博皮卡（Cybertruck）和路上的其他卡车（或者其他汽车）看起来一点都不一样。围绕赛博皮卡媒体发布会的舆论非常两极化，但有一点是肯定的——这辆车很快就吸引了人们的注意力。卡车在近百年的时间里一直采用相同的设计，而大多数卡车车主都非常忠诚。特斯拉首席执行官兼联合创始人埃隆·马斯克（Elon Musk）知道，如果想在这个行业产生影响，他必须做一些与众不同的事情，这就是为什么他提出了一个不同于任何人所见过（或想象过）的设计。

赛博皮卡的诱点之所以有效，不仅因为它能吸引人们的注意力，还因为它的疯狂是讲究方法的。新的设计使卡车具有超强的实用性，价格也相对合理。营销和品牌策略师迈克·加斯丁（Mike Gastin）称这款卡车是品牌的"大手笔"——它真正符合特斯拉"从今天传递未来"的愿景。时间将证明赛博皮卡能否超越福特的F150，赛博皮卡发布后就获得了超过25万辆的预售订单，这是非常了不起的。

案例 在30天内从零开始拥有百万粉丝

"在30天内从零开始拥有百万粉丝"是我最初用来扩大品牌规模的主要诱点。很多人不知道的是，我建立这个庞大的社交粉丝群正是为了创建一个强大的诱点，以便促成更大的机会，扩大我的品牌规模。

我宣称在30天内建立拥有百万粉丝的粉丝群，因为我知道诱点会吸引人们的注意，这样我就可以为他人提供价值。我从来没有试图成为一个影响者——我只是想吸引人们去听我要讲的更大的故事。这就是为什么在我建立粉丝群之前，我找到了一位著名的文学经纪人，他现在是我的代理人，我问他在30天内拥有百万粉丝的话题是否会吸引出版商。我知道，提出《在30天内从零开始拥有百万粉丝》这个书名与《如何在社交平台上增加粉丝》这样的书名有很大的区别。前者是具体的、明确的，而后者是笼统的、通用的，在一个非常拥挤的市场中被过度泛滥地使用。我对诱点的理解，帮助我获得了出版合约并卖出了很多书，最终促成了这本书的出版以及许多其他重要的商业机会，为我带来了数百万美元的收入。

在选择诱点的时候，一定要将独特性铭记于心。你不能讲一个人们听过一百遍的故事，否则他们会感到厌烦，变得麻木。诱点的重点是帮助自己脱颖而出。想想是什么让你、你的品牌或你的产品变得独一无二——与你所在领域的其他人完全不同。

案例 颠覆人们知道的一切

许多好的诱点能让人们产生不同的想法，这就是为什么用你的诱点颠覆人们的期望是吸引注意力的好策略。其中一种方法是将人们普遍持有的信念或短语进行颠覆。例如，在一个成功的社交视频中，我和我的团队创造了诱点："警告！安全是危险的。"这挑战了人们普遍持有的信念，即安全是一种好的生活方式——相反，它鼓励人们承担风险，为自己的梦想而奋斗。

你的诱点不一定要和你想出来的颠覆性话语一致。例如,在我为自己的社交账号录制的一个视频中,我使用了"冥想是个骗局"的诱点。我已经冥想了十年,认为如果正确地进行冥想,可以带来巨大的好处。我使用这个诱点来吸引人们的注意力,这样我就可以传递这个诱点背后的真正信息,那就是冥想如此流行,而很多关于它是什么以及如何正确地进行冥想的信息都是错的。我们的目标不是试图欺骗人们,而是抓住他们对一个他们可能感兴趣的主题的注意力。通过颠覆期望,你可以分享有价值的见解,否则如果人们没有被你最初的诱点所吸引,他们可能会无视你的看法。

我团队中的数字内容策略师、第一媒体(First Media)前内容副总裁纳文·戈达(Naveen Gowda)补充说,颠覆期望就是让你的受众通过不同的视角或从不同的角度来看待一个想法或概念。如果你从位于房子不同墙面的不同窗口窥视一个房间,你对这个房间的看法就会改变。用你的诱点颠覆期望可以让你专注在同样的事情上——但你可以给人们一个新的视角或对一个熟悉的话题的新看法。

当你在一个拥挤的市场工作时,这是一个特别有用的工具。如果你是瑜伽老师、冥想老师、厨师或类似的职业,当你只是重复其他人传达的相同的信息时,你将不会脱颖而出。而且，不得不说的是，即使你的品牌基础或观点实际上比你的竞争对手更实用，这条规律也是适用的。这就是为什么你需要以独特的方式将对话转换。否则，人们会觉得你的内容很无聊，或者不会接收到你的信息，因为这些信息一开始就没有引起人们的注意。

企业家加里·维纳查克就是一个无时无刻不在颠覆人们期望的例子。在他的一个社交视频中，一个女人走到他的车前说："给我三个词，让我在任何感到沮丧的时候都能受到鼓舞。"加里·维纳查克回答说："你会死的（You're gonna die.）。"他是一个企业家，就像千千万万个像他一样的人一样，他激励人们努力拼搏、努力工作。这段视频就是一个完美的例子，他对这位女士问题的回答完全颠覆了她的期望（以及视频的观众）。

当大多数励志企业家被问到这样的问题时，他们通常会用"努力工作""你会成功的""动动脑筋"等常用语来回答。维纳查克说"你会死的"，完全是不按常理出牌，绝对能吸引人们的注意力。虽然在上面的例子中，戈达认为维纳查克的回答非常精彩，但他也提醒说，在颠覆人们的期望和成为反面人物之间，有一个微妙的平衡，所以在想出诱点的时候要意识到这一点。

另一个知道如何颠覆期望的好例子是数字媒体公司Yes

Theory。该品牌的理念是"只要你冲出舒适区,生活就能如你所愿,真实而充实"的理念。他们的视频以"和冰人维姆·霍夫(Wim Hof)一起成为超人""没人发现我在豪华机场住了4天""当场要求陌生人去跳伞""去世界上游客最少的国家旅行""让掷硬币掌控你的一天(迪拜)"等诱点敦促人们冲破舒适区。

生活在舒适区之外,挑战自己极限的想法已经被说过很多次了,但是Yes Theory以一种独特的方式呈现了这个主题,它们围绕着这个主题倡导疯狂的冒险(作为强大的诱点)。通过用这种形式和语境包装他们的信息,他们颠覆了人们的期望,吸引了更多的关注。视频《和冰人维姆·霍夫一起成为超人》(*Becoming Superman with the Iceman, Wim Hof*)是一个突出的例子——许多人都曾采访过维姆·霍夫(一位荷兰极限运动员,因其耐寒能力而闻名),但Yes Theory的视频吸引了更多的关注,并凭借他们强大的诱点,为这次采访获得了超过800万次的点击量。

诱点吸引人们走进故事

我所教授的其实是如何测试和优化你的故事。本书的内容远不止是如何快速获得粉丝这么简单。如果这本书只包含了一个如何破解粉丝增长的公式，那么它就不会为读者提供那么多的价值，也不会帮助我成为数字领域的思想领袖。尽管如此，"在30天内从零开始拥有百万粉丝"这个诱点还是让人们关注到了我，并帮助我改变了职业生涯。

在完成这本书之后，我请人拍摄了一段简短的采访视频，讲述了我在30天内拥有百万粉丝的过程和理念。然后，我利用这段采访视频在脸书和"照片墙"上制作了一些广告活动，促使观众主动与我合作。结果，我收到了来自世界各地的16000份好友申请。这展示了我的诱点有多强——人们想知道更多关于我如何做到的背后故事，以及他们如何也能做到。它挖掘了人们的强烈愿望和需求。

在那次成功之后，我利用诱点和本书，不仅获得了新的客户，还在一些公司和场合，如在宜家（IKEA）、心谷和全球网络峰会（Web Summit，拥有超过7万名听众）以及主要的播客，如迈克尔·热尔韦（Michael Gervais）关于高绩效心理学的播客获得了演讲机会；我还有机会在福克斯商业（Fox Business）、天狼星（SiriusXM）、洛杉矶新闻台（KTLA）和雅虎财经的电视和广播中露面；在《福布斯》（*Forbes*）、《创业邦》（*Entrepreneur*）和《公司》（*Inc.*）杂志等刊物上做了专题报道，这些机会让我有了更大的影响力，也让更多的人看到了我的品牌。

"在30天内从零开始拥有百万粉丝"的诱点让我吸引了数

百万人的注意力，以便向更多的人讲述一个人们需要听到但可能会跳过或忽略的故事。同时，我的诱点背后的故事也是真实的（我将在第5章中介绍其重要性），所以它让我的业务得以发展，并帮助全世界其他人实现他们的目标。

"在30天内从零开始拥有百万粉丝"的诱点不是我的第一个诱点，也不会是最后一个。在我的职业生涯中，我一直在不断测试诱点。无论是在为我创办的各种科技公司中的某一家做推介时，还是为一部电影做宣传创意时，或者是试图与一个名人客户签单时，我总是在为自己和客户学习、测试和完善诱点。

然而，我并没有成为真正的快速有效开发诱点的专家，直到我与著名广播记者凯蒂·库里克（Katie Couric）合作。那时，我开始在一年半的时间里每天测试标题、诱点和内容。在和她一起工作的时候，我测试了7.5万多条不同的内容（我在下一章会详细讨论）。正是在这段时间里，我开发了一个创新的流程来大规模地测试头条、话题和主题，我的诱点方法论也随着数据收集开始概念化。

案例 一周工作4小时

蒂姆·费里斯（Tim Ferriss）的《一周工作4小时》（*The 4-Hour Workweek*）一书是一个很好的例子，它是一个具有强烈价值主张的、坚实的诱点。读者之所以被它吸引，是因为大多数人都希望减少工作时间，花更多的时间与家人和爱人在一起，并随时享受自己的爱好。费里斯的诱点则为这个普遍的问题提供了一个解决方案。如果你读过他的书，你会发现有很多策略都超越了每周减少工作时间的概念。但这个诱点却非常有效，以至于费里斯经常被问到是否每周只工作4小时。他曾解释说，这让他很恼火，因为这个问题只来自那些没有读过这本书的人。无论如何，正是每周只工作4小时的诱点让费里斯吸引了足够的注意力，让他有机会分享了他剩下的故事。

蒂姆·费里斯的书之所以畅销，就是因为这种简洁、发人深省的信息。我个人很喜欢这本书，有趣的是，这些概念并不是什么革命性的东西——过去人们也曾分享过类似的建议——但《一周工作4小时》之所以能脱颖而出，并引起了比竞争对手更多的注意，是因为这些概念与书名中的一个坚实的诱点联系在一起。

蒂姆·费里斯很清楚他的标题中诱点的重要性。事实上，他在谷歌广告关键字（Google AdWords）中测试了几十个其他标题，以找到最好的一个。"一周工作4小时"击败了"糟透了"和"野鹅比赛40期"（你惊讶吗？）。每周只工作4小时的标题很吸引人，也很新鲜。它创造了一种生活方式选择的清晰形象（不涉及鹅）。

克莱门斯补充说，诱点可以把一个没有创意的想法激活，让受众更认真地对待它，或者觉得它更有趣。这一切都取决于你如何说以及你包装信息的背景。你可以通过一种原创的方式呈现一个熟悉的概念，让人们觉得你是个天才。

仅仅谈论自己并解释你的工作是不够的，许多人也有同样的技能。要想在3秒或更短的时间内脱颖而出，你需要找到你和你的产品或信息的独特之处，并与其他人的生活关联起来——开发一种简洁的、吸引注意力的方式来转述你的信息。如果你把自己与时髦、有趣的话题联系起来，满足了受众的需求，人们就会停下来关注你。

案例 是什么让你的听众夜不能寐？

正如我前面提到的，克雷格·克莱门斯是Golden Hippo的创始人，后者是网络上最大的消费者直销和品牌建设公司之一，已经创造了超过10亿美元的销售额。在这个世界上，很少有人能复制它的成功。克莱门斯将这种成功归功于他知道如何打造击中受众痛处的诱点。有了这些知识，他吸引了那些在脸书、赫芬顿邮报（The Huffington Post）或TMZ网站（一家名人八卦新闻网站）上浏览的人的注意力——他们从正在阅读的关于卡戴珊家族或唐纳德·特朗普（Donald Trump）的八卦里转移了他们的关注点。克莱门斯让他们开始关注他打造的诱点。

20世纪七八十年代的传奇文案策划尤金·施瓦茨（Eugene Schwartz）建议与潜在客户进行内心对话。克莱门斯觉得，今天比以往任何时候都更需要思考你的潜在客户的内心想法。在这个"注意力碎片化"的时代，需要挖掘出让你的受众夜不能寐的问题并使它成为诱点。也许你的潜在客户持续胃痛，而你有一种产品可以帮他缓解疼痛，或者他们的电脑上没有足够的存储空间，而你的公司有一个解决方案。不管是什么产品，你都可以用一个诱点来表明你可以帮助解决受众生活中的一个重要问题，作为一个引导者进入他们的脑海，教给他们一些新东西。

营销人和心理学老师怀亚特·伍德斯马尔（Wyatt Woodsmall）教导克莱门斯，如果你把人们的问题描述得比他们更好，他们就会下意识地相信你有解决方案。所以，利用你的诱点向你的潜在客户展示你比他们更了解他们的问题。这可能会使潜在客户更倾向于选择你的产品，从而促成购买。

案例 "睡眠医生"

迈克尔·布劳斯博士被称为"睡眠医生"，这个称呼是他的诱点。这帮助他在《奥兹博士秀》（The Dr.Oz Show）中出现超过了35次，并多次出现在《今日秀》

（*Todayshow*）上。那么，布劳斯是如何找到这个强大的诱点的呢？在他职业生涯的早期，他就通过了世界睡眠医学协会的考试。虽然不同类型的医生有不同的术语，比如呼吸科医生和耳鼻喉科医生，但却没有一个术语是针对处理一切与睡眠有关的医生的。

为了找到一种有效的营销方式，布劳斯读了一本由彼得·蒙托亚（Peter Montoya）和蒂姆·范德希（Tim Vandehey）写的书，名为《品牌召唤你》（*The Brand Called You*）。书中的观点是，你的品牌名称应该由你的工作内容组成，用三到五个字来表达。布劳斯开始问人们认为他的职业是什么，他们的答案总是围绕着医学和睡眠。从那时起，他开始研究网站域名，发现"睡眠医生"的相关词语都被占用了。他找到了这些域名的持有人，并购买了这些域名，结果发现这是他做得最好的一笔支出。从此以后，"睡眠医生"就成了布劳斯业务的有力诱点。

诱点会产生强烈反应

在选择"睡眠医生"这个诱点之后，布劳斯立即从他的消费者那里获得了强烈的、积极的认可，但在他的同专业领域里的人却对他产生了反感。因为他自称"睡眠医生"，他的同事们认为他在暗示自己是这个领域的佼佼者，或者是唯一做这种工作的人，很多人嫉妒他。布劳斯被很多专业圈子排挤，受邀请参加专业领域会议的次数变少了。过了5到10年，人们才不再称他为"骗子"和"叛徒"。

当布劳斯被邀请到一个科学会议上担任小组成员时，一些观众抗议："你没有可信度，你只是一个网络医生。"具有讽刺意味的是，到了会议结束时，这些人同样也会走过来问他："嘿，你怎么会得到这么多媒体的关注？"在公开的论坛上，他是一个被排除在外的人，但在私下，每个人都希望得到他的建议。同行们两面派的做法，给了他坚持使用其诱点的力量。他知道，他们也想要他的东西，他并没有做错什么。布劳斯坚持了下来，"睡眠医生"是我听过的最好的诱点之一，所以我很高兴布劳斯坚持了下来。

在创造一个诱点时，假如人们有强烈的回应，即使有些回应是负面的，这也是积极的信号。人们把埃隆·马斯克的赛博皮卡称为"丑陋的"，然而它却得到了大量的预购订单。有时，我甚至会因为"在30天内从零开始拥有百万粉丝"的诱点遭到强烈抵制。人们会在我的"照片墙"状态中评论："如果你没有参与互动，100万粉丝也毫无意义"。当人们写下这种话时，我并不觉得被冒犯——如果他们真的读了我的书，就会发现我同意他们的观点。当人们在我的"照片墙"状态中留下这些负面评论时，他们其实只是在帮助我获得更高的知名度。但不要误会我的意思，我并不是说任何负面回应都是好的——如果是压倒性的负面回应，你可能确实有问题。我的观点是，一些负面的回应会伴随着正面的回应——你做的任何事情都不会收到百分之百的正面反馈——但只要正面的回应大于负面的回应，你就处于一个好的位置。只有当你没有得到回应，或者绝大多数回应都是负面的时候，你才需要换一个策略，往新的方向走。

诱点能帮你包装信息

用"睡眠医生"作为诱点，让布劳斯更容易被人接受，他的沟通风格也符合这一事实。他在与观众交谈时，避免使用夸张而吓人的术语。他可以对神经化学进行讨论，但他并不认为这对他的消费者有吸引力。在3秒的世界里，观众希望把复杂的信息变成可操作的小片段——布劳斯的能力使他在《奥兹博士秀》中出现了35次以上。这个事实现在已经成为另一个诱点。当人们听说一个睡眠医生在《奥兹博士秀》中出现了那么多次，他们的兴趣就会被激发出来，他们想知道这个家伙是怎样以及为什么得到这么多媒体的关注的，他们马上就会把他看作一个更为可信的消息源。

布劳斯的诱点还不止于此，他不断地将他所讨论的信息包装成一系列诱点，比如"精疲力竭的高管"或者"睡什么床垫最好"，所有这些诱点都能引起人们的注意。它们是容易产生共鸣的，并且引起了人们对共同问题的兴趣。基本上，它们把布劳斯变成了一个行走的诱点。他利用简单的信息，并利用人们的好奇心和寻求靠谱的解决方案的需要来吸引他们沉迷其中。

你也可以这样做：通过包装信息的方式使你变得更容易理解。分解你的事实，测试不同的诱点。然后，谁知道呢？也许我很快就会在电视上看到你。

创造"模糊"的诱点

当人们问我是做什么的时候，有时我会说："我是《财富》（*Fortune*）500强公司、品牌和名人们的数字化商业战略顾问（我总是在测试诱点）。""《财富》500强"和"名人"通常是能引起人们好奇和兴趣的关键词。总体来说，这个诱点故意留得有点模糊——因为我在测试——我可以实时观察人们的反应，倾听人们提出的问题类型。然后，根据这些反馈，我用适当的故事和额外的诱点来修改我的回应。

当人们问："那是什么意思？你是做什么的？"我说："我会分析我的客户短期和长期的商业目标，以及他们遇到的障碍，帮助他们制定战略，以便在尽可能短的时间内达到目标。"然后，我又根据他们的反应，精心设计下一个诱点。我寻找他们的痛点，这样我就可以告诉他们，我所做的事情可以为他们提供最大的价值。我在后面的章节中会更深入地介绍这个过程，但现在，让我们回到最初的诱点。

如果我的诱点是"我是一个数字商业战略家"，它就不会那么强烈。我锚定的事实是，我曾与《财富》500强公司和名人合作，这激发了人们的兴趣，让他们想听到更多。我把"公司、品牌和名人"这几个主题层层递进，因为听我演讲的对象可能正为这三者工作，或者可能正试图成为这三者中的一员，这让他们看到我在这些领域的专长。另外，《财富》500强公司和名人的标签也能建立起认可性、可信度和兴趣点。

说了这么多，我不会用这个诱点来做面向大众的内容。如果我租了广告牌，或者有机会登上杂志的封面，来宣传我的品牌和服务，我会用 "在30天内从零开始拥有百万粉丝"或者"如何在3秒的世界里脱颖而出"这样的诱点。

"如果–那么"公式

克莱门斯解释说，他在每个公司和产品上的诱点创作过程都是不同的，因为它们都是独一无二的。然而，他分享了一个基本的公式，你可以用它作为一个起点来发现你的诱点。这是一个简单的"如果–那么"公式：在"如果"之后指出你的潜在客户的问题或需求，在"那么"之后用你的产品来解决他们的问题。例如，如果你有一个产品可以帮助一个人改善约会的质量，那么你可以使用这个公式。"如果你想增加你的约会数量，与有吸引力的、高品质的、聪明的人在一起，那么这将是你读过的最重要的事情。" 或者，如果你的营销对象是想成为一个更好的高尔夫球手的人，可以试试这样抛出诱点："如果你想在下一次踏上高尔夫球场的时候将你的高尔夫水平提高5到10杆，那么请密切关注我接下来要与你分享的4个秘密。"克莱门斯建议以"如果-那么"公式为起点，然后将你想出的诱点与其他想法进行A/B测试（更多关于A/B测试的内容在本章最后）。

为你的听众而不是你自己创建诱点

人们在构思诱点或者与诱点相关内容时犯的最大错误之一，就是只为自己而不是为他们的受众创建诱点。人们习惯于通过思考"什么让他们看起来很好"或者"行业的风尚和趋势是什么"来创造内容，但只考虑自己和循规蹈矩并不能帮助你脱颖而出。

克莱门斯的妻子莎拉·安妮·斯图尔特（Sarah Anne Stewart）是一名认证的综合健康教练。她花了很多时间关注营养、运动、心态以及其他与健康相关的话题。她在这些领域提供了一种独特的以心灵为中心的方法，从而脱颖而出。虽然她圈子里的人做了一些非常有影响力且独特的工作，但当你看他们的网站和账号时，他们的很多内容看起来都是一样的。这些人中的大多数人都发布了漂亮的照片，他们喝着绿色果汁、冥想、在吊床上做瑜伽或者准备食谱。这些照片是美丽的，但当每个人都在发布相同类型的内容时，它就会变得不那么有效和吸引人。这并不是说你不应该关注别人正在使用的成功模式和内容结构。你应该这样做，但它只是为了确保你了解那些能够吸引忠实受众的内容类型，这样你就可以使它成为你自己的内容。

例如，斯图尔特专注于给她的潜在客户提供与健康相关的建议，以便他们能够更健康地生活。最近，她发布了一个关于疯狂减肥危害的视频，并向人们提供了一些建议和小秘诀。此外，她还经常发布信息，指导她的听众采取一些简单可行的、立竿见影的方法来改善他们的健康状况。她创造的内容为人们的生活带来了时效上的价值。

如果你发现你的诱点没有用，那么请检视并确保你的营销策略是从消费者的角度出发的，尤其是当你试图销售产品时。在这种情况下，使用"如果-那么"公式，即在"如果"之后指出你的受众的问题或需求，并在"那么"之后将你的产品作为他们问题的解决方案（已在上文中解释），可以起到很大的作用。考虑你的受众的需求会比从你自己的角度思考诱点的效果要好得多。如果你的工作脱离了"如果-那么"公式，而只是"我想要X，所以我要尝试让我的消费者去做Y"，那么你通常会失败。

在电影行业，电影公司经常会犯一个错误，那就是把广告拍成"来买票吧"。这并不能促使潜在的电影观众去关注。事实上，这适得其反。电影公司希望人们买票，但观众只想看精彩的电影，这就是为什么这种类型的广告往往不会奏效。潜在的电影观众不会因为某个工作室告诉他们该去影院了，他们就会去影院。他们要是去，也是因为被概念或故事所吸引，并且基于自己的愿望。我知道这可能听起来像常识，但你会惊讶于人们经常忽视这个事实。当电影公司考虑到这一点，并将他们的营销重点放在客户身上时，他们会提出更好的解决方案。

下一次你去看电影的时候，在每个电影预告片结束后听听周围人的评论。你通常会听到人们说："这看起来很烂"或"我肯定想看那个"。这是一个有趣的练习，它将帮助你了解哪些预告片具有最好的诱点和故事。

另外，记住一句话："人们喜欢买，但讨厌强卖"。当人们感觉到你想卖给他们什么东西的时候，就会把你拒之门外——这不是一个强有力的诱点。相反，你要以客户为中心。如果你给客户他们想要的东西，这将满足他们的需求，最终将满足你的需求。如果你确定你的诱点是以客户为中心的，但仍然没有效果，你可能需要简化信息或斟酌文字。测试，然后改进，再测试，再改进，直到你找到取得胜利的文字组合。

新品牌必须更加努力

派拉蒙电影公司前数字营销副总裁拉森·阿内森提醒我们，尚未立足的品牌要想脱颖而出，创造令人信服的诱点，必须比成熟品牌更加努力。推广一部新的漫威电影和宣传一部独立电影是不一样的。漫威电影是漫威品牌的一部分，这在人们的意识中是清晰的，且人们对其品牌的兴趣水平是很高的。你必须实事求是地了解你的品牌或你的内容主题在人们心目中的重要性，然后再向他们展示。

很少有吸引力高到已经不需要努力就能让别人注意的人或产品。如果消费者不了解你是谁或你在做什么，那么你需要引导他们。要灵活和开放地尝试不同的形式，以发现展示你的概念的最佳方式。你需要测试各种诱点，以了解什么是有效的（这个过程我们将在本章后面讨论）。

别去复制别人的诱点

在如今的电影行业，在完整的预告片之前做一个5秒的片花，以期在社交媒体上的前3秒内吸引观众的注意力，这一操作已经成为标配。尽管这个做法现在可能很有效，但在人们看过几百次之后，它的效果就不一定了。"作为一个营销人员，你的工作就是要弄清楚未来的趋势是什么。"阿内森解释说。我在下一章讨论了迷你预告片的概念，以及它是如何在3秒的世界中诞生的，我认为理解这些东西会很有用，但我同意阿内森的观点。当一个策略奏效时，人们就会开始复制它（就像我在前文中关于汤姆斯鞋的案例所指出的那样），但正如阿内森提到的，更聪明的做法是抱着实验的心态，向前推进，而不是追赶。只有保持文化敏锐，你才能走在前面。

如果你花时间去复制别人创造的诱点，那你就不会脱颖而出。你所做的只会以老调重弹而告终。相反，推动自己去寻找与众不同的想法才是品牌长期知名度和成长性的魔力所在。

案例　《女巫布莱尔》的创意：你听到的一切都是真的

电影《女巫布莱尔》（ *The Blair Witch Project* ）富有创意的营销活动，使电影在上映前就引起了广泛的讨论，人们被深深吸引。制作这部电影的工作室艺匠娱乐（Artisan Entertainment）把它当作一个真实的故事来进行营销。它们的广告语，也是其诱点，是这么写的："1994年10月，三名还是学生的电影制片人在马里兰州伯基茨维尔附近的树林里失踪，当时他们正在拍摄一部纪录片…… 一年后，他们的录像被发现。""史上最恐怖的电影是一个真实的故事。""你听到的一切都是真的。"甚至连预告片都让这部电影看起来像一部纪录片——演员们直接对着镜头说话，同时在树林里哭泣。

电影首映于1999年圣丹斯电影节，艺匠娱乐将三位主演——迈克尔·威廉姆斯（Michael Williams）、约书亚·伦纳德（Joshua Leonard）和希瑟·多诺霍（Heather Donohue）的海报贴满了整个城市。这些演员在当时都不出名，所以人们开始怀疑这是否真的是一部关于三个孩子在森林里失踪的纪录片。

营销团队也很有科技感（在当时），因此，《女巫布莱尔》是第一批通过互联网营销的电影之一。虽然当时的营销活动取得了巨大的成功，但我不相信类似的手法在今天还能奏效。现在的人们更加成熟、更加敏锐，这也是要不断学习、测试和创新的另一个原因。

创造有效诱点的五个步骤

以下是一些规则，以帮助你理解一个伟大的诱点的本质。当然，并不是所有伟大的诱点都遵循这些规则中的每一条，但我看到大多数诱点至少遵循其中一部分。请以此作为指导，尤其是当你第一次创作诱点时。一旦你学会并熟练掌握它，你就可以开始打破规则并创建自己的规则。

一个伟大的诱点：

（1）应该使用尽可能少的文字（设想一个杂志封面标题）——"在30天内从零开始拥有百万粉丝"。

（2）应该真实地讲述你是谁，为什么你作为一个品牌存在。如果不这样，就会显得有意吸引点击，不够真实。

（3）让人们以不同的方式思考，颠覆人们的期望。例如，在我创建的一个成功的社交视频中，诱点是 "警告! 安全是危险的"。这挑战了人们普遍认为的安全行事是一种好的生活方式。

（4）不会让人们想得很辛苦——它以一种简单易懂的方式呈现。

（5）不会让人想得太少——如果有人完全不思考你的诱点，那么它很可能被忽略。

（6）能够引起好奇心，让受众想要了解或查看更多——看看这个标题："埃隆·马斯克故意把赛博朋克卡车做得很丑——这是他做过的最聪明的事。"这篇文章的诱点让你想要了解为什么创造一辆丑车是一个明智的决定。

（7）能以其原创性脱颖而出。如果你看到你的诱点在别的地方用过，那它可能就不再有效了。

（8）能将常见的、相关的元素与独特的东西结合起来，吸引你的受众。一个例子是带有手机充电功能的AWAY旅行箱。旅行箱已经存在了几十年，但能给手机充电的旅行箱是一个新奇的想法。

（9）能被快速掌握。确保你的诱点能在3秒内被理解。

（10）能为你的受众的痛点提供解决方案。传奇文案策划尤金·施瓦茨一直在他的标题中直击痛点。例如，"从70岁、80岁，甚至90岁开始你的中年生活"，这解决了衰老的痛点，或者"如何把皱纹从你的脸上抹掉"，这解决了另一个与美丽和衰老有关的痛点。

当开发一个伟大的诱点时：

（1）把它当作一个过程。你通常不会在第一次尝试时（甚至是前几次尝试时）就找到完美的诱点。

（2）创造出比你认为可能的更多的想法和变种。如果可以，创造50到100个有潜力的概念。这样做可以挑战你的创意极限，从长远来看，它有助于你提出更好的想法。

（3）重做创意——重塑、颠覆，并将各种变量混合在一起。

（4）记住，诱点不一定要推销你的产品或服务。它只需要让你的客户或潜在客户注意到你。一旦你引起了他们的注意，你就可以开始谈论你的产品或服务。

（5）为你的受众制作诱点。弄清楚什么会引起他们的兴趣。

（6）诱点不一定非得是有趣的。在自己绞尽脑汁让它好笑之前，确保你对自己创造有效诱点的能力有信心，或者去聘请一个优秀的喜剧人才来帮助你搞定。

（7）要知道，诱点不一定是文字，它可以是一个概念。例如，"油管"频道"十秒歌曲"的创作者安东尼·文森特

（Anthony Vincent）将著名的歌曲改编，每隔10秒就将它们拆成不同的音乐风格。在这段视频中，他把凯蒂·佩里（Katy Perry）的歌曲《黑马》（*Dark Horse*）改变了风格，让它听起来像大门乐队（The Doors）、约翰·梅尔（John Mayer）或皇后乐队（Queen）的作品。

（8）**要认识到一个事实，即诱点往往不同于标语或独特卖点。**"想做就做"是耐克的标语，而他们的独特卖点是他们的鞋子。今天，他们最强的诱点，则是他们赞助的，在不同营销活动中现身的运动员（如第1章所解释的）。

（9）**不要把诱点和品牌宣传混为一谈。**诱点让人们通过关注产品、服务和价值来激活品牌。耐克再次证明了这个概念。事实上，耐克作为一个运动时尚品牌并不是诱点——他们推出的独特的差异化产品（比如因为效果好而要被奥运会禁止的跑鞋）或他们赞助的名人才是吸引人们注意的原因。

（10）**要知道，稀缺性和排他性是很好的工具。**像苏荷馆（Soho House）这样的私人会员制俱乐部具有排他性，这让它更受欢迎。

（11）**要知道，你的诱点可以是一种内容版式。**在下一章中，我们将讨论BuzzFeed的美食频道Tasty，以及他们如何呈现他们的诱点。

（12）**记住，最重要的是，它需要吸引人们的注意力。**

现在轮到你来学习创建诱点的艺术。要做到这一点，请按照下面的 "创造有效诱点的五个步骤"来进行。

第一步：研究什么有效

寻找成功品牌所使用的有效诱点，并将它们整理在一个列表中。你可能很想跳过这一步，但不行。即使是顶级策划克莱门斯（他的文案已经帮助品牌卖出了价值超过10亿美元的产品），当他刚开始创作标题和诱点时，也将使用这个方法，因为他最初的诱点太糟糕了。看看其他品牌的诱点，它们可以帮助你完善自己的手法。

诱点可以取自：

（1）书名。

（2）社交媒体内容。

①发现页，显示在脸书或 "照片墙"上视频顶部或底部——下一章将对其进行更深入的解释。

②标题。

③概念。

（3）促销活动。

（4）文章标题。

（5）电视广告。

（6）社交媒体广告。

（7）平面广告（广告牌、杂志封面）。

现在，从你刚刚创建的列表中选出最好的诱点，用你自己的诱点替换它们的文案内容、业务或服务。分析这些诱点（这些诱点是以其他品牌的诱点为蓝本的）是否能帮助你脱颖而出。然而，请记住，你不能将这些诱点用于你的品牌（除非你大幅度改写它们）。这个练习不是为了偷窃（或抄袭）其他品牌的诱点，而是为了练习如何激发新的、原创的诱点。

第二步：从失败中学习

研究表现不佳的诱点，判断一下它们为什么不奏效。要做到这一点，你可以去社交媒体上搜索视频，看看那些表现不佳的视频。你也可以上亚马逊、谷歌购物和美国著名商户点评网站Yelp，输入产品或服务的名称，观察哪些产品或服务在该类别中的评论数量最少或负面评论最多。你还可以搜索那些失败的、业绩不佳的或倒闭的公司的产品和服务，找到他们快倒闭时使用的广告。此外，你还可以去杂志摊位看看哪些杂志或图书没有立即引起你的注意力。最后，研究广告牌，分析哪些广告牌没有引起你的兴趣。

诱点总体上没有效果，因为它们：

（1）太啰唆。

（2）混乱。

（3）模糊。

（4）过度使用：已经被其他个人或公司复制了成千上万次。

（5）与特定受众无关。

（6）过时——与当今社会或文化无关。

（7）创造时假设人们已经对某一特定主题感兴趣。

（8）不真实。

（9）不够独特。

（10）不吸引人或使用不吸引人的语言。

第三步：创造你自己的诱点

现在轮到你来练习创造自己的诱点了。想象一下，你已经拿下了一个主流杂志或报纸的封面专题文章。我们的目标是，一旦它印刷发行就能大卖，并为你的企业带来大量的客户。为了达到这个目的，你要设身处地为客户着想。

想象一个女人，一个潜在的消费者，走在一条繁忙的街道上。汽车在按喇叭，行人熙熙攘攘，你的潜在消费者正被人群左碰右挤。现在她正经过一个报刊亭，里面有30本杂志和报纸。

在这种情况下，你可以创造怎样的标题（诱点）来吸引你的潜在客户的注意力，使她停下来，买由你撰写文章标题的杂志或报纸（而不是摆在它旁边的其他杂志），并阅读你的文章？

你可以实地考察一下某个报刊亭，或在网上搜索行业相关往期杂志的封面来获得一些灵感。专心研究那些吸引你的具有特色的杂志或报纸。不管是《时尚》（*Vogue*）、《体育画报》（*Sports*

Illustrated）还是《创业邦》，花些时间去注意那些标题。哪些对你来说是引人注目的？哪些并不突出，并没有让你想潜心阅读？是什么让你拿起（或不拿起）杂志或报纸阅读？从这些方面去思考，可以帮助你找到最有效的品牌诱点。

你也可以用数字广告来做这个练习。想象一下，一个人在翻看他的"照片墙""油管"或脸书的推送——什么样的标题或视频的开头会吸引他的注意力，让他停下来3秒或更久？

为了测试这一点，你甚至可以用Photoshop做一个"照片墙"的"发现"页面（这个页面由你的潜在客户关注的人的帖子、与他们关注的账户相似的帖子和高参与度的帖子组成）。如果你认为你的受众在"油管"上花费的时间更多，你也可以创建一个"推荐视频"的模拟页面。这个部分包括"油管"在视频播放完后推荐你观看的视频。

一旦你创建了模拟页面，插入你的缩略图、视频名称和封面标题，看看脱颖而出并吸引人们注意力的是哪些，哪些则会在竞争中被人无视。同样，选择一个可以与其他几十个选项竞争的组合。你的诱点需要好到足够吸引人们的注意力，好到让他们想点击你的内容并看更多。

在这个练习中，创造尽可能多的诱点。从一个大清单开始，然后把它缩小。你通常会从那些在你舒适区内的事情开始，但请继续把自己推向更远的地方，因为这往往是能开发出最好诱点的地方。尽你所能想出尽可能多的点子——尤其是那些不拘一格的点子。记住，写下它并不意味着你必须使用它，所以让自己自由地记下所有的想法。大胆去想，敢为不同。

一旦完成了你的清单，将其缩小到三个最佳选择。然后，重复这个过程——创造，缩小到三个，然后再重复。

第四步：比较你的诱点

将你刚刚创造的原始诱点与第一步中的成功诱点进行比较。要做到这一点，请将所有这些诱点列在同一页面上。

现在，从中找出你认为名列前茅的诱点。你也可以让你的朋友、家人和团队中的其他人选择他们最喜欢的。如果你从第三步中得到的原始诱点没有在这个新的列表中名列前茅，也没有击败第一步中的诱点，那么是时候修改你的诱点了。请一直修改，直到它们超过你从其他品牌中找到的最成功的诱点。这个过程将帮助你推动自己成为最好的诱点创造者。要成为专家可能需要一些时间，但当你击败竞争对手时，投资将得到回报。

请记住，每天有超过600亿条信息被在线发送，你的诱点必须从这些噪声中脱颖而出。

第五步：测试、反复改进

当你设计出了你觉得能通过测试的诱点后，将它们展示给你的朋友和同事，以发现哪些选项最能吸引人的注意。你也可以在社交媒体上、你的电子邮件列表中、搜索引擎广告平台上对你的诱点进行A/B测试。

如果你没有立即成功，不要担心——这个过程可能需要时间。最重要的是，继续反复改进你的诱点，这样你就能为你的品牌或业务找到最引人注目的诱点。

通过A/B测试测试你的诱点

克莱门斯说，无论你在创造强势营销内容方面有多么丰富的经验，你的很多诱点还是会惨遭失败。此外，总会有些一炮而红的概念是你永远也想不到的。这就是要不断地对你的诱点进行A/B测试的原因。A/B测试是将某一事物（如标题、网页、电子邮件、社交内容或其他营销资产）的两个版本（或更多）进行比较，并衡量它们之间在效果上的差异。

即使找到了有效的迭代选项，我也建议你继续测试和学习。如果你找到了表现良好的诱点，你就会想在它们身上投入广告和媒体费用，让你现有的和潜在的客户能够看到它们。最终，在某个时间点，你的诱点会逐渐弱化。这就需要你再创造新的诱点，并对它们进行测试和完善。因此，本书和上述练习的目的是让你成为持续开发诱点的专家，从而使你的品牌能够保持长期增长。

● ● ● **本章回顾** ● ● ●

① 在创建诱点的时候，想想是什么让你和你的产品或信息
与众不同，并与其他人的生活息息相关。它解决的是什
么痛点？你的产品或服务在别人的生活中提供的最终结
果是什么？

② 用你的诱点颠覆人们的期望是吸引人们注意力的好策
略。将人们普遍持有的信念或习惯用语进行颠覆。

③ 如果你把你的品牌与符合受众需求的当下热点联系在一
起，人们就会停下脚步，关注你的品牌。

④ 想一想你的潜在客户和他们可能在自己的脑海中进行的
对话——挖掘出让他们辗转反侧的问题，为他们的问题
提供解决方案。

⑤ 找到包装你的信息的方法，使其更容易被接受。将你的
信息分解成小块，并以诱点的形式进行测试。

⑥ 想出新的下一步。要有文化敏锐度，跟随最新的趋势，
并尽量走在它们前面。

⑦ 参考本章的 "创造有效诱点的五个步骤" 来帮助你创
造诱点。

⑧ 记住，如果你的受众对你的诱点思考得太辛苦或太少，
那它就不是一个好的诱点。你要确保你的概念不用超过

3秒就能被理解。

⑨ 当创建诱点时，从一个宽泛的列表开始，然后将其缩小到三个最佳选择。然后重复这个过程——创造，缩小到三个，然后重复。

⑩ 到报刊亭、书店或社交媒体上查看，或者去其他有很多诱点的地方研究，来获取诱点的灵感。

⑪ 必须不断测试你的诱点。这将帮助你更清楚哪些诱点是最有效的。你可以在你的电子邮件列表、社交媒体或搜索引擎广告平台上进行A/B测试。

第3章

每天600亿条信息：
如何克服干扰、杀出重围

既然你了解了创建强力诱点的基本规则，那么让我们来具体看看怎样将它们的效力应用于数字内容和视频的创建。每天，在各种数字平台上发送的信息超过600亿条，而诱点是帮助你从这些噪声中脱颖而出的重要工具。你可以用它们更有效地包装内容，从而使其更有机会实现有意义的社会参与、强烈的病毒式传播和品牌提升。

在本章中，我还将向你介绍图像和视频叙事的重要性，这些叙事策略可以吸引并保持人们的注意力。用视觉讲故事至关重要——如果要在文字和视频之间二选一，59%的高管宁愿看视频也不愿看文字。这是一种新的现象，被称为"图像优势效应"，即视觉信息比非视觉信息更容易学习和记忆。在你的社交媒体帖子中加入一张图片可以将参与度提高180%，并将内容记忆程度提高65%。

用诱点包装你的信息

当我和记者凯蒂·库里克合作时，我们采访了一些名人，包括杰西卡·查斯坦（Jessica Chastain）、乔·拜登（Joe Biden）、说唱歌手钱斯（Chance the Rapper）和流行音乐节目主持人哈立德（Khaled）等。通过这些采访，我发现当时名人的受欢迎程度与采访表现得好坏与否几乎没有关联。在当今世界，一个人出名的事实，并不能提供足够的动力让人们停下来关注内容。真正吸引眼球的是信息在数字平台上的包装、呈现和交流方式。名人讨论的话题，以及话题呈现给观众的方式，往往比名人自身所发挥的作用更能引发内容的成功。换句话说，仅仅利用名气是不够的，名人们需要持续讨论一些可以强烈吸引眼球的话题，从而让观众在浏览他们的订阅、观看和参与各类信息互动的过程中停下来驻足关注。

我们着手对数字平台上的标准化采访进行一次创新，以帮助库里克的内容在海量的信息中脱颖而出。当我们开始合作时，她正从电视宣传转向与雅虎合作，优先寻求数字分发，然而雅虎的算法并不青睐她的内容。换言之，她的内容被淹没，没有展示给她的粉丝或她采访过的名人的粉丝。为了解决这个问题，我们必须彻底改变我们在社交媒体上制作、编辑和分发她的内容的方式。所以，我们从一开始便不再关注她在访谈中问什么问题，而是关注采访的最终结果。更具体地说，我们能从访谈中创造哪些潜在的诱点，从而在一定程度上吸引观众的注意力。我们按照它对不同观众的吸引力，为每一次访谈设计了诱点，我们认为这些观众不仅会对访谈感兴趣，还会将其分享给他们认识的每个人。

当库里克第一次带我去雅虎开会的时候，高管们告诉我，她的内容受众非常狭窄。我知道他们想选中特定的受众来保持相关性，匹配他们为现有广告商提供的服务，但我也知道，如果我们想实现规模传播，并获得算法青睐，我们需要将她的内容的吸引力迅速扩展到其受众之外。

实现这一目标的最佳策略，是根据我们采访的人和主题来确定每次访谈的核心支持者（拥护某人或某一主题）。为了做到这一点，我们将为每次访谈开发不同的诱点，旨在从统计学上增加让这些核心支持者与他们认识的每个人分享访谈的机会。这个想法是，如果我们能让更多的人分享每一次访谈，它将触发算法，让内容的传播更广泛，并增加其从整体上实现病毒式传播的概率。我们扩展了雅虎广告商的目标受众，同时向新的受众展示了库里克的和雅虎的品牌。事实上，我们做到了让朋友与朋友分享，让儿子和女儿与父母分享，让兄弟姐妹互相分享。通过诱点，我们精准地触动了我们想要实现规模传播的受众群体。

凯蒂·库里克和我一起打造的第一次访谈是采访女演员伊丽莎白·班克斯（Elizabeth Banks）。访谈的结构由三个主要的诱点构成。我们从诱点开始，而不是从库里克会问的问题开始。由于伊丽莎白·班克斯在电影《饥饿游戏》（*The Hunger Games*）和《完美音调》（*Pitch Perfect*）系列中都有参与，因此我们设计了能引起这些观众共鸣的诱点。

　　如上所述，我们在做所有决定时，都会考虑其最终呈现——关于《饥饿游戏》《完美音调》的哪些诱点可以让人们停止滚动浏览他们的订阅内容，并关注库里克和班克斯正在讨论的内容？如何包装这些诱点来停止人们无休止的滚动浏览？伊丽莎白·班克斯谈论热门话题这一事实还不够。访谈的包装方式需要有许多独特的诱点，而这些诱点必须是观众以前不知道也没见过的。

　　当我们想好诱点时，我使用了第2章诱点创建五步骤中第三步中的"报刊亭测试法"。我想，如果《饥饿游戏》的粉丝们走在街上，哪个标题能吸引他们的注意力，让他们停下来看看这篇文章？在我们与伊丽莎白·班克斯的访谈中，表现力最好的标题或诱点是："我是如何在《饥饿游戏》中得到一个角色的。"这个诱点不仅吸引了电影迷，也吸引了那些渴望成为演员，或者只是好奇如何才能在一部大电影中得到一个角色的人。值得一提的是，我们仅为这次采访就创造了30多个诱点，并测试了这些诱点的数百种变体，以找到制胜诱点。

　　开发一个制胜诱点并不是靠运气，也不是把所有的鸡蛋放在一个篮子里，而是测试、迭代、再测试，直到找到驱向结果的正确答案。

　　尽管班克斯的采访收获了很多互动和观看次数，但库里克和我合作过的最出色的访谈是与摄影博客"纽约众生相"（Humans of New York）的创始人布兰登·斯坦顿（Brandon Stanton）的访谈。那次访谈的最热门片段产生了2000多万人次的浏览量，被分享了超过24万次。我们使用的标题是：今天"纽约众生相"创始人与雅虎新闻全球主播凯蒂·库里克讨论他在脸书上写给唐纳德·特朗普的公开信。视频涉及相当多的政治和情感话题，无论人们是否支持特朗普总统，他们通常对他都有鲜明的看法。

在这段视频中，诱点不是标题，而是布兰登·斯坦顿的开场白："我看到你转发了关于种族主义的图片。"这句话及其所表达的强烈感情吸引了人们，让他们想听听他接下来要说什么。视频发布的时机也很恰当。它是在2016年大选关键期间发布的，当时人们都很紧张，情绪非常激动。许多希拉里·克林顿的支持者与他们认识的几乎每一个人都分享了这次采访。这是一个完美的例子，证明访谈的成功不仅仅与名气有关。我们采访过名气远大于布兰登·斯坦顿的名人，然而斯坦顿这次采访的表现却胜过他们，因为其主题、剪辑包装、节奏、斯坦顿的个性，以及一个引发两极讨论的诱点。

案例 我的视频火了，这就是原因

德里克·穆勒（Derek Muller）是"油管"频道"真理"（Veritasium）的创始人，该频道拥有近600万名订阅者，他制作了一段名为《我的视频火了，这就是原因》（*My Video Went Viral. Here's Why*）的视频。这段视频解释了"油管"的算法，以及诱点在吸引人们关注你的内容时的重要性。

在"油管"早期，订阅是王道，这意味着如果人们订阅了某个频道，"油管"会在他们登入网站时向他们展示该频道的内容。这使得创作者的工作变得相对简单，那些拥有大量订阅者的人会在他们的频道上获得大量的观看时间。但现在我们生活在一个3秒的世界里，"油管"也不得不改变。为了让人们留在他们的平台上，而不是脸书、"照片墙"等，他们必须改变自己的算法。"油管"很快就发现，具有优秀诱点的标题为其视频捕获了大量的观看时间，这让人们浏览内容就像在街上买报纸（我早就告诉过你了）。

德里克·穆勒担心这些算法会促使人们编造耸人听闻的新闻标题。他认为，算法鼓励打擦边球的做法，即在没有或几乎没有合法调查的情况下分享新闻，利用引人注目的标题增加曝光。他认为，只有当算法青睐频道订阅时，社交平台才能提供真实的故事。这样的话，创作者就不必为了争取人们的注意力而玩弄把戏。

然而，"油管"和其他大多数社交平台都迎合了3秒的世界。"油管"降低了订阅的权重，增加了德里克·穆勒所描述的"骗点击的封面图"的权重。我并不认同做假或骗取流量。此外，它也不像以前那么有效了，因为算法已经盯上了它。目前，算法不仅关注点进率，还关注观看时长和维持度（下面将进一步讨论）。我会在第5章中更深入地讲解创建真实诱点和故事的重要性，但现在请记住，吸引人的标题（而不是骗点击的标题）是重要的，尤其是想要在"油管"上取得成功的时候。

德里克·穆勒接着解释说，他最火的视频之一（超过了3200万人次的浏览量）就是按照这个理论创建的。他在纽约出席了创作者峰会，展示了贝斯特先生（MrBeast，一名拥有3440多万订阅者的"油管"玩家）关于洛杉矶水库上保护水质的黑色塑料球的一些视频片段。贝斯特先生知道这个视频会很受欢迎，所以两人讨论了用什么标题和封面图最吸引人。穆勒本来想把这段视频叫作"投掷阴影球"（*Throwing Shade Balls*），但贝斯特先生让他放弃了这个标题。贝斯特先生建议用"为什么这个湖上有9600万个黑球"（*Why Are There 96 Million Black Balls on This Lake*），随后，穆勒将"湖"改成了"水库"（因为它本来就是），但关键是，德里克·穆勒认为这段视频的受欢迎程度与其诱人的标题和封面图高度相关。它制造了神秘气氛，激发了人们的好奇心。

德里克·穆勒解释说，在"油管"上走红并获得数千万人次的浏览量取决于两个指标：

（1）观看时长。当有人观看你的视频达到7~8分钟时，你在"油管"的算法中就会表现很好。要达到这个观看时长，你的视频时长应该不少于15分钟。

（2）高点进率。这就是诱点尤其重要的原因。点进率由标题和封面图的总点击次数除以标题和封面图的显示次数得出。

贝斯特先生告诉德里克·穆勒，当你的点进率接近10%、20%或者30%以上时，你的视频的浏览量和展现量会急剧升高。事实上，它的增幅太大了，以至于它把"油管"变成了一个标题和封面图（作为视频的诱点）尤其重要的网站。

"你可以做一段好视频，但除非你还有一个好诱点让人们点进去观看，否则它火不了。"德里克·穆勒说。所以，这就是你看到的，本书简直太有用了！开玩笑而已（某种程度上）。不过，非常诚恳地讲，诱点真的很重要。"油管"可能会再次适应和改变，但这并不能摆脱这样一个事实：随着这些平台上的内容泛滥，如何脱颖而出更加至关重要。

德里克·穆勒接着解释了如何利用封面图脱颖而出。它们几乎是诱点的首要视觉元素。为了找到最佳的封面图选项，许多"油管"玩家会用Photoshop将不同的设计摆放到当前"油管"主页的截图中。他们在不同的位置用不同的封面图做实验，看哪一个最吸引眼球。头部"油管"玩家会测试各种各样的封面图，因为他们知道有效的封面图可以帮助他们脱颖而出，获得更多的浏览量。

在不久的将来，这将变得更加重要，因为"油管"正在调整平台，以实时显示点进率。德里克·穆勒假设，这一变化将导致播主推出视频后会立即实时测试各种不同的封面图，以实现最高的点进率。事实上，德里克·穆勒认为，如果创作者不这样做，他们就会被甩在后面，他们的视频也不会被看到。如果他们不想自己的内容被淹没的话，那他们的视频主题、标题和封面图就需要吸引眼球。他说："事实是，观众只有看到你的标题和封面图，才会知道你在那儿。"

可供人们观看的、令人感兴趣的视频资源是有限的。所有的社交渠道都需要利用他们的资源，也就是他们的信息流，向人们展示他们想看的视频。"油管"上的观众则通过观看时长和点击等动作展示他们的兴趣点。尽管算法总是在变化，但就目前而言，"油管"正在优化观看时长的权重。所以，利用你在这本书中学到的诱点之道和讲好故事的技巧，来满足观众，并击败所有社交平台上的算法。

算法

让我们简单地讨论一下算法。当算法对人们不利时，人们会感到非常沮丧，但算法可以把一件事做得很好，把用户留在它们的社交平台上。想象一下，如果你打开脸书、"照片墙"或"油管"，发现屏幕上加载的内容枯燥无味，毫无意义，你会怎么做？你会关闭这些应用程序，然后做别的。如果每次打开这些应用程序时都是这样，你就会慢慢改变自己的行为，把时间分配给另一个平台。为了避免失去用户的注意力，算法被设计成每次用户来到平台时都能找到吸引他们的内容。由于每秒上传的内容非常多，而且大多数用户都会关注数百个甚至数千个账户，因此算法必须决定哪些内容会上升到订阅信息流顶部，哪些内容停留在底部。

当你看到有大量粉丝但参与度很低的账户时，通常不是因为这些粉丝对其内容不感兴趣或者他们有假粉，而是因为算法认为平台上有更吸引人的内容，并将这些内容优先分配给该账户的粉丝。当这种情况发生时，他们不会得到很高的参与度，因为他们的大多数粉丝甚至都看不到他们的内容。

假设你有一个拥有10万个粉丝的账户，每次你发布一条内容，算法都会将其发送给其中的500个粉丝，并考察平台核心指标（例如，浏览率、分享率、参与率等）。如果其结果与算法所期望的相符，那么它将把这条内容的分发范围再增加500人。如果指标更好，那么会再有1000人看到，然后是2000人，以此类推。如果算法认为这些指标是有效的，它将继续把你的内容推向你的粉丝之外的群体。反过来说，如果指标结果不好，当你的内容被分发到最初的500个粉丝时，你的分发就停止了——因为算法发现内容与被分发人之间没有共鸣。更糟糕的是，如果你不断地发布那些不能吸引粉丝的内容，你的账户就会被认为整体是无效的，每次你发布新内容的时候，你的影响力从一开始就非常有限。基本上，算法将不再给你的账户机会了。

这就是为什么不断推出内容是非常重要的，这些内容不仅要吸引观众，而且要与算法所期望的相匹配。当算法识别出你是一个有效的内容创造者时，你的每次发布都能被分发给更多的人，它将让你体验到像内容创作者杰伊·谢蒂（Jay Shetty）或饶舌诗人大地王子（Prince Ea）一样的浏览量增长，他们获得了巨大的影响力和传播规模，每次分享一段内容时都会产生数十亿人次的浏览量。

3秒法则

当我还是个孩子的时候，我们经常谈论"3秒法则"，意思是如果你把食物掉在地上，在它被细菌和灰尘污染之前你有3秒的时间把它捡起来。好吧，现在同样的原则也适用于社交媒体的视频消费。在3秒内，观众就会决定是否继续观看或离开（通常他们已经在1秒内做出决定）。

3秒法则从何而来？正如本书前言中马特·帕克斯解释说，3

秒是脸书用来衡量信息流中浏览量的标准。他说："如果你在一个视频上停留了至少3秒，它会向我们发出信号，告诉我们你不是简单地滑动浏览信息流，你已经表现出了观看该视频的意图。"

你能让越多的人观看你视频的前3秒，结果就越好。它提高了你获得大量浏览次数和更长观看时长的机会。作为回报，算法会青睐你，并把你的内容推给更多的人。

在1秒内捕获注意力以达成3秒的观看是很困难的，因为时间很短。这就是为什么一个扎实的诱点如此重要。让我们探讨一下如何利用有关诱点的知识来组织你的视频，从而显著增加浏览量。

抖包袱

正如我前文提到的，艾瑞克·布朗斯坦是分享力公司的总裁兼首席战略官（他为克里斯蒂亚诺·罗纳尔多、国际奥委会、奥多比公司、美国电话电报公司以及许多大公司和名人创建了数字内容）。他解释说，线性叙事不适用于社交视频，它不能帮助你在前3秒内吸引人们注意力。相反，他建议社交内容创作者在视频开始时就把包袱抖出去。分享力的视频通常会在最初的10秒内便妙语连珠或真情流露。他们这么做是因为这让视频有机会变得更吸引人，甚至走红。如果辅以能使视频变得更加显眼的视觉叙事策略，包括针对手机屏幕优化视频、使用特写、适当的灯光，再将内容中最有趣或最有情感的部分放在开头，这绝对可以帮助你迅速吸引注意力。

如何设计完美承诺

我之前提到的纳文·戈达是我团队中的数字内容策略师，也是第一媒体的前内容副总裁，他使第一媒体的社交媒体内容每月的浏览量达到近30亿人次。他管理的社交渠道迎合了"千禧一代"的女性群体，这些内容频道包括分享手工技巧与生活妙招的"花朵"（Blossom）；与美食有关的频道"非常美味"（So Yummy）；与美妆有关的"胭脂"（Blusher）。这些频道的典型内容包括教观众如何用婴儿食品罐制作相框、独特而有趣的食谱，或是介绍清洁和调整日常家居用品用途的特殊方法。

当戈达在宝宝第一（BabyFirst，第一媒体旗下的一个品牌）起步的时候，他的每条内容几乎都没有获得1000个喜欢。他很沮丧，因为他注意到数字领域的其他发布者定期获得数以百万计的浏览量。他着手调查他们的秘诀。

他首先从传播和设计的角度分析竞争对手的优质内容。戈达研究了美食频道Tasty等成功的频道，这是新闻聚合网站BuzzFeed创建的一个社交频道，分享与烹饪、食谱和食物相关的视频。他解构了Tasty是如何进行内容创作的，并通过宝宝第一品牌的镜头进行了复制。他选择Tasty作为范例，是因为它在食品领域具有革命性的意义。2016年，他们在不到一个月的时间里收获了约370万订阅者，视频浏览量超过1.9亿人次。迄今为止，Tasty在"油管"上浏览量最大的视频是"我做了一个30磅重的巨型汉堡"（*I Made a Giant 30-Pound Burger*），浏览量超过3300万人次。

戈达最重要的发现是，数字视频的前3秒应该用来向他们的观众做出承诺——一个关于内容是什么以及信息将如何传递的承诺。你没有时间去传达整个品牌的概念，也没有时间在3秒之内进行总结，观众们对于你要说什么几乎毫无准备。利用这3秒的一个更好的方法是为你的信息如何传递设定期望值。它是清晰而引人入胜的，还是混乱而难以理解的？让你的观众享受观看前3秒的乐趣，这样他们会回报给你更多的时间。

事实上，每次你在社交媒体上发布一段视频，或者在其他任何地方发布视频，把它想象成你正在你的受众的世界里申请一席之地，这会很有帮助。这一席之地便是你的受众的时间，你正在申请一些宝贵的资源。受众可以做很多其他的事情，所以，除非此时你以一种吸引他们的方式来展示你的案例，否则你就不会得到这一亩三分地。

如果你有一套强大的叙事方法，观众和算法会信任你。如果你一开始就失去了观众的信任，你的视频就不会被广泛分享，这就是为什么前3秒如此重要。

影响才是王道

当谈到社交平台的视频创作和互动设计时，内容对受众的影响是最关键的。那些最完美的视频会让人们产生本能反应，让他们觉得"哦，天哪，那太聪明了""哇，我真的能理解"或者"看这个视频真的让人很满意"。你希望你的观众对你的内容有本能的反应，而不只是从逻辑的角度来分析视频。病毒式传播源于你的观众感受到了价值，而不是源于对你、你的产品或你的理想的想法。

一旦你知道了你想在观众中产生怎样的本能反应，就要确保你所有其他与信息、视觉风格、节奏、演员、音乐等相关的选择都要支持这种效果。例如，奢侈品牌古驰（Gucci）的营销团队是让人们对自家产品情有独钟的专家。他们发起的所有的市场营销活动都会让你觉得，如果你使用他们的产品，你就会拥有地位、权力，变得成熟、妩媚动人。他们所有的话术都支持他们的这个选择的效果。走进他们的店面，你就会有一种与满是叠好的衬衫和一列列服装货架的传统零售店截然不同的感受。古驰承诺为你提供奢华和独特，当你到达或者仅仅是经过他们店的窗口时，都会立即感受到这种奢华和独特。古驰理解了如何向客户施加影响，这就是为什么古驰可以以450美元的价格出售一件T恤，而其生产成本很可能只有20美元。精心设计的内容也同样如此——它能提供450美元的价值，而媒体（脸书、"照片墙"、"油管"）

上的其他内容只提供20美元或更低的价值。

在知道你想对你的受众施加何种影响的前提下选择你的诱点。例如，In-N-Out汉堡比许多竞争对手更成功，因为他们知道自己想对顾客产生什么样的影响。他们的诱点并不是说他们是一家汉堡店，而是说当你离开他们的餐厅时，你会感到满足，并对它念念不忘。戈达认为，In-N-Out的所有选择都支持这种效果，包括菜单上有限的菜品。这样你就不会分心或不知所措，而只需关注他们食物的质量。做减法和简化是一项艰巨的工作，但它确保了可控的消费体验，消费者最终得到的正是In-N-Out希望他们得到的。商家集中精力使这些特定的元素变得优秀，这样他们就可以忠实于自己的标语："你能尝出的质量。"

每当你创建内容时，都要问自己："这会对我的观众产生什么样的效果"以及"我想要什么效果"。一旦你回答了这些问题，就要进行研究，以确定是否有其他内容创作者已经达到较理想的效果，也就是说，他们已经成功地触达了你的受众。学习并模仿他们，否则你可能会在6个月的试错后才意识到，你本可以通过借鉴别人的成功和失败节省大量的时间和金钱。

按照你心中所期望的目标创建诱点和前3秒视频，将有助于你设计出更有效的内容。把你的观众吸引到你的内容中去，让他们想要完整地观看你的内容，这样，算法就会告诉平台不断地向新的潜在受众展示你的内容。

如何让你的内容摆脱无聊：以正确的节奏互动

以快速而令人满意的节奏传递你的价值，而不是缓慢而有条不紊地传递。戈达提醒我们，你只有3秒的时间来呈现内容，并就视频能带来何种影响和价值做出承诺。不要太慢，但也不要太快或太匆忙。相反，使用前3秒来建立场景，制造某种行动或未解决的情况。然后，当3秒结束时，你就可以开始按照你想表达的想法行动了。

很多人急于传达太多的信息，这会导致观众跟不上。一旦观众被落在后面，他们就开始觉得自己需要赶上进度，就好像他们在电影开始20分钟后才走进电影院，这是一种非常不爽的感觉。如果人们感到失落，他们就不想看完剩下的视频。此外，一次分享太多信息会让观众感觉所有的东西都被挤在一起了，这让他们失去了兴趣。

戈达补充说，你的视频不一定非得令人兴奋，但它们需要易于理解并且有趣。你并不是要哗众取宠，而是要让受众全程被吸引。无趣的视频片段传播的负面影响超过人们的想象。诚实地告诉自己你的内容有多吸引人，创造性地思考如何传达那些不那么吸引人的信息片段（同时还要决定它们是否真的是必要的）。

在制作DIY视频时，你会引导观众完成一项任务或活动，并带他们走完全程，戈达发现，在前3秒为视频定调的一个好方法是从一个静帧开始，保持镜头的位置与角度不变。然后，一个物品被引入到场景中，并发生了一些事情。例如，戈达的团队制作了一个视频，视频以一个红色的塑料杯开始。前3秒是：

（1）一个红色的杯子入镜。

（2）杯子被人捏碎在手里。

（3）放下碎杯子的残渣。

在这段引子之后，才是视频的实际内容。这个引子看起来非常原始和简单，但简单使它容易跟上并吸引人。观众们停止了滑动，观看了接下来的10秒的视频。事实上，这段视频的浏览量超过220万人次。

确保人们可以跟上你的视频节奏。戈达说，视觉效果应该遵循"先做这个，然后做这个，再做那个"的节奏。这种易于理解的格式让观众相信：我一定能做到。然后是，好吧，下一步是什么？此外，他还补充说，这种线性结构的交流并不仅仅适用于教学视频，事实上，所有视频都应该是线性结构的。

"如果没打动，那就不算数"（*If It Doesn't Hurt, It Doesn't Count*）是一个很好的例子，它诠释了个人品牌如何用好的节奏讲述其视频的前3秒。它的前3秒是有效的，因为它让观众有时间在字幕和旁白开始前阅读内置在画面中的标题，这一模块也被称为发现页。而且，因为视频节奏较慢，所以你不需要在消化标题和旁白的同时担心如何跟上视频的节奏。

这个视频的结构被设置为引导观众完成以下过程：第一步，看标题；第二步，看画面，理解我提供的上下文；第三步，听我说。从最初的视频剪辑到由我说话，这让观众不会把视频想象成平淡无奇的片段，而是经过深思熟虑后与观众进行的互动。我讲话的镜头是一个故事线索，帮助观众无缝跟上我的节奏。

奠定满意的基础

　　一般来说，在视频前3秒结束之前，不要搞太多花样。在那之前，你的目标是奠定基础，激发兴趣。然而，尽管故事还不需要展开，但你确实需要向观众展示视频有很好的节奏，它不会显得很慢、无聊和拖沓。

　　在前3秒，你还需要传达出视频的视觉体验将会令人满意。这个概念不能总是用逻辑术语来定义。其中一种传达的方式是通过节奏。前3秒视频的节奏应该令人满意，并吸引观众的注意力。这和你在舞厅里听到一首很棒的舞曲的前几秒时的感觉非常相似。如果它能让你动起来，你会很想听到接下来的部分。

　　这并不意味着你的视频需要很高的制作费，或者需要一些令人印象深刻的场面。你可以用一个碗作为你视频的开始，然后用一种有趣的方式往里面倒一罐可乐。有人可能会认为看这段视频会很无聊，但这种分析太逻辑化了。像这样的安排之所以有效，是因为它们在视觉上很吸引人。戈达就是用这种视频结构在网上获得了数十亿人次的浏览量。

不要让你的观众思考

不要让你的观众在前3秒思考。事实上，不要试图强迫他们在视频中的大多数时候思考太多。如果你想让观众思考，那就需要有引人深度思考的内容。这就是说，与传统的点击诱饵和标题党相反，它的目的在于博人眼球。有时，你可以通过令人满意的节奏和良好的视频结构，激发出同样多的影响力和真正的兴趣点。一旦你建立了正确的整体感觉，插入更具技术性、更令人兴奋或发人深省的信息就变得更容易，也更容易被你的观众接受。戈达补充说，建立正确的整体感觉有助于让你免于成为聪明却无聊的教授，你不要只是一个接一个地讲两个小时事实，而是要把故事和实际应用联系在一起，让观众对这些应用背后的技术感到兴奋。

如何在视频的前3秒满足观众

有效社交视频的前3秒内容应该：

（1）让观看者感到满意。它们吸引观众，能够说服他们花时间把剩下的内容看完。

（2）以正确的节奏推进。观众需要知道自己可以跟得上视频。

（3）线性地传达信息（也就是说，不要让观众为你的视频费神费力）。

为什么电影预告片一开始会有5秒的广告

"杰森·伯恩（Jason Bourne）脱下夹克，把一个男人打得不省人事，之后，茫然地看向镜头之外，接下来屏幕上出现了一张标题卡片。"这是《谍影重重》的预告片前5秒的先导广告。现在预告片前的先导广告已经成为常态。《教宗的承继》（*The Two Popes*）、《爱尔兰人》（*The Irishman*）、《好莱坞往事》（*Once Upon a Time...in Hollywood*）、《速度与激情：特别行动》（*Hobbs & Shaw*）的预告片也都是同样的结构。这些微型的先导广告开场是争取观众观看完整预告片的诱点。

预告片中的先导广告仅仅是为了在前3秒内吸引观众的注意力。《独立日2：卷土重来》（*Independence Day：Resurgence*）的预告片之一是从响亮壮观的画面开始的，这些画面无法解释发生了什么，但它们引人注目，引发了人们的好奇。实际的预告片则花时间来解释在最初的3到5秒显示的画面中到底发生了什么。电影公司之所以开始这样做，是因为这些预告片在社交媒体上被分发，营销人员只有几秒的时间说服观众不要滑走，集中注意力。

派拉蒙影业前数字营销副总裁拉森·阿内森认为，这些预告片的设计有好有坏。他警告说，仅仅因为片头响亮耀眼，并不一定意味着它们就能吸引观众的注意力。片方需要一些诱点，能让观众好奇地想"哦？这是什么"，激发他们继续看下去的欲望。

如果人们一次又一次地被明亮的图像淹没，这些策略将变得无效。"注意画面之外的东西，这样你就不会总在模仿别人了，"拉森·阿内森建议说。寻找新的方法来创造高级一点的诱点吧。

有趣的是，即使是投资数百万美元制作单一内容的电影公司，也必须努力寻找吸引人们注意力的策略。他们也需要先在预告片之前制作先导片，这反映了在社交媒体上获取浏览量的激烈竞争。

你睡觉的时候发生了什么

拉森·阿内森参与了电影《灵动：鬼影实录》（*Paranormal Activity*）的市场营销活动，这部电影有两个非常有力的广告语（诱点）。它们是："你睡觉的时候发生了什么"和"不要自己一个人去看"。预告片的视觉诱点是电影院里的人们对电影的恐惧反应。预告片几乎没有电影中的任何剧情，画面大多显示的是观众恐惧、震惊和惊讶的反应。这样的预告片会让观众们想知道，什么样的正片会这么吓人。

预告片的结构之所以是这样的，是因为《灵动：鬼影实录》是一部制作缓慢的低成本电影，这部电影简短的内容并不引人入胜。事实上，拉森·阿内森觉得，如果预告片只是播放了电影片段，那就太无聊了。这不是一部高预算的、乍一看就吸引人的或视觉上令人印象深刻的动作片。它没有像《复仇者联盟》（*The*

Avengers）或《星球大战》（*Star Wars*）那样的预算，所以与那种类型的电影的预告片竞争是没有意义的。取而代之的是，通过拍摄人们在电影院里的观影表现（他们被吓得魂不附体），造成了一种情况：看过预告片的观众们跃跃欲试，因为他们想体验类似的观影反应。

总之，要意识到你的产品的优点是什么，并以突出这些特点的方式呈现你的内容。你可以用无数种形式来包装你的内容，使用试错法来寻找对你的产品或品牌最有意义的方法。

案例 一个月获得20万个"照片墙"粉丝

我花了很多时间制定在"照片墙"上快速发展的策略。我发现增长最快的方法是在其他拥有大量粉丝的账户上测试和分发内容，这样，一个月内你的粉丝将增加大约15万到30万。这是我用来帮助自己在"照片墙"上获得百万粉丝，并为其他客户和合作伙伴获得数百万粉丝的策略。

传播效果最好的账户类型是表情包账户。表情包账户不是个人、影响者、品牌或公司的账户，而是专注于某一特定领域的账户。几乎每一个主要领域都有表情包：灵感、时尚、美食、运动、喜剧等。对"表情包"（meme）一词的一个更正式的定义是"许多人在互联网上互相发送的视频、图片或短语。"

表情包账户的创造者必须是惊人的内容聚合者，只有这群人能够吸引数百万观众和粉丝的注意力。我的团队在"照片墙"上迅速发展的一个技巧是，将我的内容发布到那些表情包账户页面，再将受众拉回到我的账户。有两种方法可以实现这一点：

（1）有组织地进行转发置换（意味着如果你转发那些表情包账户的内容，他们也将转发你的内容），或者其他形式的发布合作，令他们愿意免费发布你的内容。这通常只在你的内容非常吸引人，或者你能向那些账户及其所有者提供其他形式的价值时才有效。

（2）你可以通过购买所谓的"喊话位"（shout-out）来实现引流，这是购买他人账户上广告位的另一种说法。

当你从一个表情包账户购买一个"喊话位"时，是因为你希望这能让你的账户更有趣。本质上，你是在为你的账户创建一个带有强诱点的广告。通常情况下，它是以照片的形式出现的，并伴随着信息，从而激励其他人关注你。

要想成功，你必须弄清楚内容的类型和吸引人们关注你账户的诱点。这听起来很简单，但事实并非如此。创建一个强大的诱点是非常重要的，否则这个过程就不起作用了。例如，我们的一个表情包分发合作伙伴拥有超过1900万粉丝。当我们在他们的账户上发布带有无效诱点的内容时，我们可能只能获得不到200个粉丝，而带有强诱点的"喊话位"可能会在24小时内让我们获得5000到2万个粉丝。在这两种情况下，内容发布到同一个账户，并展示给完全相同的受众，但更有效的诱点抓住了人们的注意力，并产生了足够的动机，观众希望了解更多的信息，并最终点击"关注"键。

大约99%阅读本书的人，需要用极致的创造力和有效的诱点来包装他们的内容——我每天都在与我的品牌和客户实践这件事。要想在3秒内脱颖而出，想一想你希望人们在观看你的内容时有什么反应。清楚地定义和测试到底什么能激励你的客户，并去关注他们。重要的是要注意，与诱点一样，起作用的东西是不断演进的。上面的例子可能已经演变成不同的形式，因为旧的已经无效。

什么是发现页以及如何使用

通过测试过去几年中数十万种不同的内容，我了解到，对你要传递的信息（可以通过标题、发现页或内置字幕来表达）设定一个明确而独特的期望，对于让人们观看、点击、购买和分享你的视频非常重要。

发现页是出现在脸书或"照片墙"上的视频顶部或底部的图文框，可以帮助你快速、清晰地向社交媒体用户传达你的诱点。如果你玩社交媒体，你很可能会看到发现页（图3-1）。

图3-1 发现页

戈达解释说，在"照片墙"和脸书的语言中，发现页是一个重要的结构——如果你不将它们融入你的沟通风格，你可能很难在这些平台上吸引注意力。这是因为发现页设定了沟通传递的期望，并作为你的最初印象或介绍向观众展示。当你走到收银台前，柜台后面的人不笑，或者一开始就很粗鲁，这会让你产生一种不愉快的互动预期；而如果这个人友好、面带微笑、有耐心，在还没说任何话之前，这个人就已经设定了一个期望：你将享受这场互动。发现页可以帮助你设定期望，帮助你做出承诺，以某种方式提供互动（又称内容）。

戈达解释说，人们通常会制作语义模糊的发现页，上面写着"你必须把它看完"这样的短语。一张这种基本不提供任何价值的发现页，基本上是在告诉受众，他们必须为内容创建者付出额外的努力，而不是从创建者那里得到一些有趣而清晰的东西。

最近，克莱门斯发布了一段视频，视频中有一张发现页，上面写着："通过健康饮食给她留下深刻印象。"这句话是一个故事的开头，讲述了他如何通过健康饮食给妻子留下深刻印象，然后又谈到了健康饮食的重要性。克莱门斯通过发现页传递诱点，给了观众足够的价值，让他们知道自己的时间不会被浪费，他们也不会被迫做任何额外的思考，他们可以被动地消化内容。最终，克莱门斯可以将受众的注意力转化为行动，虽然不一定马上行动。你不能要求你的受众为你制作的每一个内容都做点什么。观众有很多其他的选择，他们会选择观看其他给他们带来更多价值的视频，而那些视频不要求他们为此付出努力。

一个有效的诱点能为发现页创建痛点。戈达澄清说，痛点并不一定是一段包罗万象的故事总结，你可以以一番非常有争议或古怪的声明开始，即使你的故事是完全励志或鼓舞人心的——但它得是真实的。这就意味着：不要创建一个骗点击的发现页，要确保你选择的短语是有意义的，并且符合帖子的整体内容。

　　亚当·罗亚（Adam Roa）在心谷大学的"照片墙"账户上发表励志演讲的片段就是一个行之有效的例子。内置字幕（在本例中充当发现页）开头的一句话有点让人震惊："买了这辆车，你会得到女人。买了这件衣服，你会得到男人。"然后亚当·罗亚讲了一个与这个诱点相悖的故事。这个故事是激励人的，它解释了为什么你不应该听信消费主义，消费主义试图让你觉得，你需要物质来吸引伴侣。心谷大学选择那些令人震惊的句子作为开场诱点，是因为它们吸引了观众的注意力，而且观众一旦看了故事的其余部分，就可以理解这句话背后的真实意图。这不是一个令人震惊的骗点击的标题，它是有目的的而且有故事做背书。

　　心谷大学最近才开始在他们的视频中使用诱点。通过使用发现页形式的诱点，心谷的视频传播表现提高了三倍。在使用诱点之前，他们表现最好的视频只获得了约两三万人次的浏览量，而现在他们在"照片墙"上的大多数视频的浏览量都能达到10万人次以上。事实上，他们在脸书上的一些表现好的视频正在产生数百万人次的浏览量。通过将这种包装和诱点前置的视频设计，他们做出的承诺是明确的，而观众也反馈给他们更多的时间和注意力。

测试发现页

为了帮助你找到发现页的最佳方案，戈达建议测试多个版本。记住，你的发现页需要支持你的观点，但不需要反复强调它。如果信息或视频涉及一个复杂的话题，那用一个发现页来给概念定调，以确保它能够自洽。只有当视频以较慢的节奏展开时，你才需要使用更复杂有力的发现页方案。

例如，发现页"自嘲，否则别人会嘲笑你"是一个相当大胆的文案——它需要一些时间来被消化——这就是为什么我们选择搭配一段一个人滑下雪山的简单视频。这样，在最初的3秒内，视觉信息的复杂程度保持在最低限度，这就给了观众处理发现页的时间。戈达指出，如果你试图在发现页中传达一个复杂的想法，同时展示复杂的视觉效果，这往往会让观众不堪重负。记住这一点，在你的视觉传达设计中，一定要在文字和视觉之间建立一个很好的平衡。

为了使设计找到合适的平衡点，你可以循序渐进地测试，戈达和我通过对不同的发现页和3秒片头做A/B测试以找到正确的平衡。也许A测试会将配音的开始时间推迟0.5秒，这样我们就可以根据观众的反应，准确地知道在哪里编辑视频更好，以便与发现页建立完美的平衡。在B测试中，我们可以测试发现页中的不同文本标题，或用不同的滤镜渲染视频的前3秒。正如你看到的，有很多小片段可以用来生成高度火爆的社交剪辑。我们花了数年时间测试和改进这个过程。说到这里，以下是一些简单的技巧，以便开始测试和学习。

制作有效发现页的3个技巧

（1）做竞品分析。看看你的竞争对手的成功视频，看看他们用什么样的发现页。把你的想法与他们的比较，确保你的想法比他们的突出（参见第1章末尾的诱点练习）。

（2）提供价值。制作发现页很容易，卡片上的文字可以是"把它看完""这会激励你"或"你不会相信接下来会发生什么"，但这些短语并不能提供价值。受众通常不理会这些含糊不清的信息。相反，试着在你的发现页中加入一些触手可及的价值元素。

（3）注意排版设计。找出发现页中句子或短语中的关键词。如果可能的话，突出显示它们，并把你的短语或句子分开。你可以在"自嘲，否则别人会嘲笑你"这段视频中的发现页上看到这种技巧。

你会看到我的团队把"自嘲"作为这句话的关键部分（图3-2）。我们选择了分行。另外，请注意，我们将第一行字用粗体表示。通过这样做，我们在潜意识中表达了该如何读这句话，这有助

图3-2　自嘲版发现页

于让观众更快地理解。我们本可以选择粗体的"嘲笑"作为关键词，但在这种情况下，这将是一个错误，因为它的意思不够完整。戈达建议尽可能地立即提供有形的价值。就其本身而言，"嘲笑"并没有告诉观众任何事情，它只是一个词，而"自嘲"才是一个完整的思想，提供了价值。

用社交数据分析和搜索来寻找和测试诱点

在派拉蒙影业工作期间，拉森·阿内森用社交数据分析测试了他的诱点。每当他的团队发布一条内容，他们就会在社交渠道上得到数万条甚至数十万条评论。根据这些数据，他们可以评估人们是如何看待他们发布的信息的。他们将了解到人们最关心和回应最多的主题和想法。

例如，当阿内森的团队发布恐怖电影时，如果人们评论说"我被吓得魂不附体"，他们就知道事情在朝着正确的方向发展。这个信号明显表明电影内容或者预告片发挥了作用。在《灵动：鬼影实录》的宣传活动中，有时人们会评论说，广告让他们彻夜未眠。这正是他的团队想要的效果——他们希望观众被吓得睡不着觉。阿内森团队在社交媒体上看到的对话是成功的最大的标志。

然而，戈达提醒，要注意如何对待观众的评论。一般来说，他认为对于观看次数、收藏次数或转发次数等方面的分析，远远胜过对评论的分析。他认同可以从评论中得到的反馈，你需要意识到你的视频正在对观众产生的影响，但太机械地去看评论是危险的。这样会扼杀你的成长，或者把你引向错误的方向。相反，你要从规模和概率的角度出发去看人们的反应，而不是单一地阅读一条条建议。在你看评论之前，阅读数据分析并做出推论，以帮助你更敏锐地判断它们。用评论来支撑你的分析，而不是让评论引导你的分析。

例如，如果你的分析显示内容很强大，你获得了令人难以置信的高转发与播放率，那么你可以得知宣传活动是有效的，然后再去查看评论。这样，如果有评论者批评视频，也不会影响你后续的决定。相反，你会知道要去关注积极的评论，以收集更多的，也许是细致的关于内容为什么表现良好的见解。在你仔细权衡观众的评论之前，先看看数据。

搜索数据

阿内森团队的另一个成功指标是谷歌和其他搜索引擎的搜索量。当第一部《科洛弗档案》（*Cloverfield*）系列电影的预告片发行时，这部电影还没有片名。派拉蒙决定用预告片结尾的发布日期代替片名。阿内森负责派拉蒙的搜索部门，他可以看到，在他们发布预告片后，互联网上出现了电影上映日期的搜索高峰。这表明派拉蒙的电影创建的诱点相当成功，人们非常强烈地想要了解这部电影的内容。因此，他的团队投入了更多的资金来宣传这部电影，以增强这种势头，吸引更多的关注。

你也可以使用搜索数据来帮助自己确定营销活动中诱点的有效角度。戈达认为，更多的人应该意识到跨平台学习和搜索的力量。脸书、"照片墙"、"油管"、红迪网（Reddit）和谷歌都有自己的算法，他们都能准确地找到最有效的内容。你可以利用这个优势，但要注意陷阱。其中一个陷阱是，这些算法会让内容创作者和社交媒体管理者变得懒惰，他们让算法为他们做所有的工作，而他们只去分析从他们垂直领域最知名的内容创作者那里获得的最佳内容。戈达警告说，你需要广泛抓取，而不仅仅是看仅存在于你的领域中的内容。在大多数情况下，当你自我设限的时候，很难想出好主意。他的秘诀是从不同平台的内容，以及不一定表现良好的内容中找到创意（解释如下）。

红迪网

对于戈达来说，红迪网是他可以找到新想法的最佳平台之一。他认为红迪网有很多好内容，首先是因为他们算法的权重小——红迪网会根据用户参与度将内容置顶。红迪网是一个活跃的互动平台——这意味着用户不能对内容只是一扫而过，他们实际上必须点击帖子，这会引导用户自行选择内容。该平台在对内容反应方面将受众训练得超级聪明，因此当一个动图、视频或概念真正在消息流中登上头条时，它要比在其他平台上强大得多。红迪网是一个可以发现最佳内容（不管创作者的声望如何）的地方。

你通常可以在绝大多数的大类中找到一个子版块

（subreddit，一个特定的在线社群以及与之相关联的帖子）。戈达说你的搜索很难做到事无巨细，所以他建议订阅相关子版块，然后获得与你的领域中的大类相关的推荐帖子。他还建议使用谷歌搜索话题，并在搜索关键词后面加上"红迪网"，因为谷歌的搜索工具比红迪网更有效。然后，一旦找到了你的子版块，浏览所有内容，找到能让你说"哇，好酷"的那些内容。这便是构建诱点和故事的基础。

管状实验室

戈达还建议在管状实验室（Tubular Labs）上进行搜索，这是一种先进的跟踪工具，可以跟踪"油管""照片墙"和脸书上的所有视频内容。它允许你按浏览数、转发数和喜欢数进行排序和搜索，并允许你按各种标准导出数据。这是一个寻找顶级视频和内容创作者的好方法。戈达最关注的是在某个特定时间段内的浏览次数，或者是转发浏览比。然而，他提醒道，你必须对如何阅读数据有所警惕。有时付费媒体会推一个帖子，让你舍不得滑走，让你认为这个视频想法很棒，而实际上只是有人花钱推它了。你一定要点开每个视频来做功课，并判断（基于指标）这些浏览数是否是付费的结果。

"油管"

戈达推荐的最后一个能启发内容创意和诱点的工具是"油管"。通过搜索你的领域中大多数人都会使用的明显的关键字之外的内容，你就可以比他们多走几步，去深入挖掘并找到那些没有获得大量浏览量的内容，这些内容在制作方面可能很粗糙，但却可能是沧海遗珠。通过这种精细搜索，戈达找到了创意，用来制作他的那些顶级视频。

例如，有一次他看到一段视频，视频中有一位中国老妇人正在叠衣服。她有一个非常巧妙的技术——一个"三步走"的方法，让她在几秒钟内就可以叠好一堆T恤。戈达的团队采用了这个概念，对这个想法进行了独特的包装，良好地传达出承诺，并产生了超过3亿的浏览量。

或者，你也可以从"油管"上那些制作精良的视频中寻找一些想法，而这些视频并没有被正确包装。例如，戈达曾经发现一段制作精良的愚人节笑话视频，只有4000人次浏览量。他的团队重新调整了想法，大幅降低了制作水平，却获得了1.5亿人次浏览量。在这种情况下，较低的制作水平对观众来说更真实、效果更好。

在这个领域里并没有一成不变的真理。你需要搜索、测试并学会为每一项内容提供最佳的诱点和视觉传达设计，还要乐于不断学习和成长，以找到分享信息的最佳方式。

本章回顾

①　选择正确的诱点和内容包装方式，对于让人们观看、转发、点击和购买您的内容、产品和服务非常重要。

②　通过使用标题、发现页或字幕，为你的内容设定明确的期望。

③　数字视频的前3秒是对观众的承诺，确保这个承诺是明确和有趣的。

④　用户可以用他们的时间做很多其他的事情，所以你需要以一种解决他们的需求并为他们提供价值的方式来呈现你的内容。

⑤　每次创建内容时，都要问自己："这会对我的观众产生什么影响？"

⑥　对你的领域中的其他内容创作者进行竞品分析。关注外面的事情，这样你就能从别人的成功和失败中获得经验。

⑦　确保你的视频的前3秒是令人满意的，以正确的节奏展示，并以一种不会让观众想太多或费脑筋的方式表达。

⑧　有无数种方法可以包装你的内容。通过A/B测试进行试错，来找到对你的产品或品牌最有用的方法。

⑨　发现页是一种重要的工具，可以帮助你设定与观众交流的期望，并帮助你介绍自己的视频。

⑩ 让社交数据分析来指导你关注你的成功以及决定下一步
    要创造什么。

⑪ 使用红迪网、管状实验室和"油管"来查找内容、诱点
    和故事创意。

第4章

成为超级英雄拯救地球:
掌握讲故事的艺术

无论是刚刚大学毕业的年轻人，还是取得巨大成功的亿万富翁，绝大部分人都在努力表达自己的价值主张。但是，他们并不确定是什么让他们与众不同，也不知道如何只用3秒就能表达出既令人着迷又简单明了的故事，来吸引和维持人们的关注。向观众讲故事，满足观众的沟通风格和沟通需求，是你能学到的最重要的技能之一。当你试图通过会谈来获得新业务，为社交渠道制作病毒式营销视频，或撰写你的品牌宣传文案时，你需要知道如何快速有效地讲述故事，向人们展示你的才能或你的产品所能提供的价值。

这些年来，我精心设计了几个关于我是谁和我做什么的故事，其中包括与我共事的客户的案例研究。在开会时，我会问一些问题以了解我的潜在客户的痛点。然后，根据他们的反应和需要，我会有策略地选择我的故事的不同版本。

有一次，我的一个合伙人安排我和迈克尔·赖特（Michael Wright）先生会面，他当时是史蒂文·斯皮尔伯格（Steven Spielberg）的电影制作公司安培林娱乐（Amblin Entertainment）的首席执行官。赖特和我都不知道这次会议的主题，而且他的工作超级忙——我们彼此都明白，本次会面的时间应该不超过25分钟。

我们坐下来，我花了七八分钟询问赖特关于安培林娱乐的核心关注领域。我问他作为首席执行官的目标是什么，他的核心障碍和绊脚石是什么，以及公司克服这些挑战的战略是什么。我想清楚地了解赖特是如何操作的，他最大的痛点是什么，他认为什么是有价值的。

赖特告诉我，安培林娱乐正在投入大量资金推出一个新的品牌。他们希望拥有与漫威（Marvel）相同的品牌知名度，因为尽管人们知道斯皮尔伯格是谁，但他们并不经常意识到是安培林娱乐制作了《E.T外星人》（*E.T.The Extra-Terrestrial*）、《侏罗纪公园》或《拯救大兵瑞恩》（*Saving Private Ryan*）等电影。他们的团队投入了大量的资金和精力来建立一个网站，使得人们可以在上面消费和参与安培林的内容。但是由于缺乏品牌知名度，迈克尔·赖特担心该网站一旦建立，每个月只能获得几千次访问。

通过提出正确的问题和倾听，我发现迈克尔·赖特的一个重要目标是将安培林娱乐公司打造成一个像漫威那样被人们认可的品牌，而网站是实现这一目标的关键步骤之一。那一刻，我意识到我有一个解决他问题的方案，更重要的是，还有诱点和故事来有效传达这一方案。我知道自己有办法推动网站访问量的上涨，以解决赖特的担心。而我的诱点是，在一个月内，我们会把将近700万人吸引到雅虎的网站上来消费凯蒂·库里克的内容。然后，我的故事是，我将曾用于库里克和雅虎的策略拆解，从而将来自脸书的流量大规模地引流到他的雅虎页面。

在20分钟内，我提供了明确的解决方案，赖特喜出望外地发现，我们可以继续共同努力，寻找合作的可能。我们的策略是在安培林的电影库中识别有力的诱点，利用最能表达这些诱点的特定电影剪辑和访谈，通过A/B测试的形式以确定能够驱动新网站流量的成功因素。

虽然我们并没有真正启动这个项目，因为我们遇到了很多因其他相关方的参与而导致的政治问题，迈克尔·赖特也离开了安培林娱乐成为Epix（米高梅旗下的一家卫星电视网公司）的主席，但不管怎样，我使用的诱点和故事的方式是有效的。这引起了迈克尔·赖特的重视，也间接地建立了一种关系，使他对于与我和我的搭档合作感到兴奋。

有些会谈会顺利进行，带来更多的业务，而另一些则不会。我想让你从中看到的是，即使没有提前知道会议的主题，我还是找到了痛点，快速制订了一个策略，并将其转换为一个令人信服的故事，以证明我的价值。

灵活应对

为会议提前准备一个与诱点匹配的故事会帮助你一开始就掌控会议，但一旦进入会议就要灵活应对。否则，就像我在安培林娱乐的例子一样，如果你不知道会议的主题是什么，那么就专注于倾听。这有助于你避免先入为主而犯下大错。无论桌对面坐的是谁，先入为主都会令你总是老调重弹，这不是一个有效的策略。相反，明智的做法是退后一步，尽量了解和你说话的人，听听他们说了什么。

花点时间阅读肢体语言，多考虑对方的情绪。弄清楚他们是谁，然后轻松地开始谈话。彻底了解他们和他们的需求将有助于决定如何包装你的信息。

我是超级英雄，不是喜剧演员：如何发挥你的优势

讲故事时，重要的是发挥你的个性优势。例如，我不是喜剧演员。一般来说，我不开玩笑或讲笑话，我是一个认真而严谨的人。我的故事是按照这个逻辑来组织的。另一方面，如果你是一个个性强烈、风趣幽默的人，把这些优势用到你要讲的故事之中。只要它们不跑题，你就不会失去听众的耐心和信赖，幽默就能为你带来额外的价值。利用你的真实优势，让人们注意到你并希望与你合作。

注意时间：试着创造最短会议时长的世界纪录

重要的是要确保你的故事清楚明了、简洁并切中要害。我在会议上讲的故事时长通常只有2分钟到6分钟。我不会超过这一时

间范围，否则故事会变得太冗长。你还需要留出时间进行反馈、提问，观察人们的反应。你不想做了一个30分钟的演示，结果却发现你的故事对桌对面的人没有价值。此外，非常重要的会议通常都是简短的，因为重要人物的时间有限。

在为社交媒体创建内容时，你没有这种即时反馈和动态调整的条件。但你可以事无巨细地分析那些成功内容中的要素，注意它的长度、格式和结构，并应用在下一次视频制作中。记得看看分析，让它们指导你。此外，你可以了解每个平台上的消费行为模式。例如，脸书和"照片墙"以短视频著称，而"油管"可以驱动长视频，一些观众观看的视频时长长达一小时或更长。测试不同的平台和不同的视频形式，找出最能引起受众共鸣的内容。

公众演讲中的叙事技巧

当睡眠医生迈克尔·布劳斯预约演讲时，他会和活动发起人交谈，了解听众的基本情况。他想知道听众的男女比例、净资产、职业、家庭住址。了解这些基本信息对演讲而言是至关重要的，这些信息可以帮助布劳斯调整他的演讲，以满足观众的需要。我也运用了这个策略，并且发现它对我的演讲生涯也是非常有效的。

如果迈克尔·布劳斯面对由90%的男性和10%的女性组成的听众演讲，他会确保自己有三个案例是关于男性的。即使只讲述一个男性案例就已经与女性案例对标，但选择更符合观众构成比例的案例并直接与他们对话会更有效果。

在演讲的开始，布劳斯通常会拿出一份人物性格资料，并读给观众。然后他问："你们中有多少人和他是一类人？如果是，请举起你的手。"通常一半的人立刻就举起手。然后他会补充说："好吧，那些没有举手的人，你们三个现在能举手吗？"三个人举手之后，他问道："如果你们其实并不是这样的呢？"他会倾听，并且通常能够找到符合他们需要的案例。他会让听众知道，他们将被融入演讲中，他会说："哦，这太棒了，因为稍后我会谈论像你这样的人，所以要集中精力哦。"这个开场让他可以更好地理解听众，并使他的沟通服务于他们。

如果你的听众觉得自己没被融入，他们就会停止倾听，这就是为什么迈克尔·布劳斯让自己在现场随机应变。了解听众的个人信息有助于让他们在他的演讲过程中更加投入，因为他会根据他们的需求定制演讲的每个部分。

最近，当我向7000多名牙医发表主题演讲时，我体会到了定制信息以满足听众需求的力量。我从来没有向牙医发表过主题演讲，所以我尽可能多地研究和调查这些演讲对象。一旦我得到了这些信息，我就会重做我的整个演讲方案，针对听众的需求，解决他们的痛点、挑战和目标。

迈克尔·布劳斯吸引观众的另一个窍门是与房间里的每一个人进行眼神交流。在演讲的某个时候，他会扫视每个人，哪怕只是0.5秒，因为他希望每个人都有被看见的感觉。它让观众始终参与在演讲中，帮助他们更轻松地分享与睡眠有关的问题。

为了让听众最大限度地参与到演讲中，布劳斯使用的最后一种叙事技巧，是在问答环节开始时抛出最佳诱点。例如，他会在这部分演讲的开始说："我经常被问到的一个问题是，'嘿，布劳斯医生，什么床垫最适合睡觉？'或者'嘿，布劳斯医生，睡前运动的最佳时间是什么时候？'"这些诱点幽默风趣，让听众想了解更多。

找出你的听众是谁，这样你才能找到最符合他们的需求。如果你真正理解他们，这对你会更有帮助，也会有更多听众参与到你的演讲中来。

过程沟通模型

过程沟通模型是一种行为观察工具，可以让你更有效地沟通。美国宇航局、比尔·克林顿（Bill Clinton）和皮克斯（Pixar）都曾使用这一工具来实现业务和沟通目标。过程沟通模型专家杰夫·金（Jeff King）向我们简要介绍了通过使用此模型接触和吸引观众的最佳方法。

杰夫·金解释说，在讲故事的时候，你必须考虑你的听众。相反，如果你讲的故事只关注自己感知世界的方式，那你就走错了方向。不幸的是，大多数人都是这样做的，他们下意识地倾向于使用他们惯有的逻辑和词汇，并且只会以这种方式讲故事。

在过程沟通模型中，有六种人格类型，包括思想者、坚持者、和谐者、想象者、叛逆者和推动者。每种人格类型都以不同的方式体验这个世界。思想者通过思想来感知世界，逻辑是他们的底色；坚持者通过观点来感知世界，价值观就是他们的底色；和谐者通过感觉感知世界，情感是他们的底色；想象者通过冥想感知世界，想象力是他们的底色；叛逆者通过对抗感知世界，幽默是他们的底色；推动者通过行动感知世界，魅力是他们的底色。所有的人格类型都存在于我们每个人身上，但我们有一个基本的主导人格类型，我们生来就有，一生不变。这种基本人格决定了我们如何与他人交流，我们更偏向人们与我们如何交流以及我们如何感知和与世界互动。

比如说，如果你是一个思想者，你倾向使用逻辑词语，你会用70%到80%的逻辑词语来讲述故事。不幸的是，如果思考者以这种方式来组织他们的故事，他们将错过75%的不是思考者类型的人。另一方面，善于讲故事的人会使用逻辑、价值观、幽默、想象力、行动和情感词语。他们将为所有六种人格类型嵌入对应的信息，这样他们就能吸引100%的观众。皮克斯的一些员工接受了过程沟通模型培训，并成功地使用了该模型。当你观看皮克斯电影时，你会看到叙事过程中融入了所有六种人格类型（通常由一个与每种人格类型相匹配的角色来代表）。事实上，他们的电影对所有的人格类型的观众都适用，这也是他们的电影如此成功的原因之一。

广告中的过程沟通模型

让我们做一个练习，创建一个汽车广告方案。使用过程沟通模型，杰夫·金解释了他将如何创建内容，以确保传达关于汽车的最清晰信息，并以一种对每种人格类型都有意义的方式包装它。金建议这样写：

> 想象一辆车，这种车型每加仑（1加仑约为3.8升）耗油能行驶约90公里。与同级别的其他车型相比，这辆车的单位油耗下的公里数是最高的。我们相信，这辆车为我们的客户提供了更多的价值，让他们愿意拥有。总之，这是市场上最好的车。感觉不错，看起来很好，你开这辆车会很舒服。你所有的朋友最终都会想和你在一起，因为这辆车太棒了。

现在让我们把它分解一下，看看每句话对应的是哪种人格类型：

- 这些句子嵌入了逻辑，说给思想者："想象一辆车，这种车型每加仑耗油能行驶约90公里。与同级别的其他车型相比，这辆车的单位油耗下的公里数是最高的。"

- 这句话嵌入了价值观，说给坚持者："我们相信，这辆车为我们的客户提供了更多的价值，让他们愿意付费。"

- 这句话嵌入了魅力，说给推动者："总之，这是市场上最好的车。"

- 这句话嵌入了情感，说给和谐者："感觉不错，看起来很好，你开这辆车会很舒服。"

- 这句话嵌入了幽默，说给叛逆者："你所有的朋友最终都会想和你在一起，因为这辆车太棒了。"

这则广告面向大多数人，而大多数广告并非如此——它们通常是按照创作者的沟通风格设计的，因此疏远了绝大多数对世界有不同看法的人。这意味着，如果创作这则汽车广告的是一位坚持者，他是通过价值来感知世界，他就很可能会把注意力集中在传播中的价值方面上，而他会失去那些通过逻辑、行动、反应和感觉来感知世界的人的注意力。

会议和面试中的过程沟通模型

杰夫·金是缪斯学校（MUSE School）的负责人，也是缪斯国际（Muse Global）的首席执行官，他们的学生覆盖了从幼儿到十二年级的受教育群体。这所学校的所有教师都受过全面的专业培训。无论学生喜欢什么样的交流方式，缪斯的老师都可以评估、激励每个学生，并与他们建立联系。

到了高中，所有的学生都接受了全面的过程沟通模型培训。学生们的交流能力之强，常常让校园游客感到震惊。当学生考大学或找工作时，他们知道如何根据自己感知世界的方式有效地打动面前的人。事实上，许多高校都会对缪斯学生的交流能力羡慕不已。

金认为，许多教育设置并不能使我们的青年为进入社会做好准备。学校教育的重点通常是记忆和消化信息，但他们没有培养学生沟通、管理压力或协商冲突的能力，而这正是过程沟通模型要教给他们的。

如果一个人不知道过程沟通模型，他们很可能和面试官不在一个频道。例如，如果面试官问了一个基于逻辑的问题，比如："你在苹果公司工作了多久？"而面试的人首选的语言是情感，他可能会用一种情感反应来回应，比如，"我在那里工作了几年，很喜欢它。苹果公司是一个如此神奇的地方。"然而，如果面试者接受过过程沟通模型培训，他就会以一个基于逻辑的答案回答，比如："我在那里工作了四年零三个月。"接受过过程沟通模型培训的人更可能保持使用相同沟通类型的词汇，以便面试官能和他在同一频道交流。

面试和会议的有效性来自理解桌对面的人的观点，而你应该满足他们的需要。这使你不能想说什么说什么，而应试着真正理解桌对面的人，并设身处地交流，这样你们就有共同语言了。

比尔·克林顿如何利用过程沟通模型成为总统

过程沟通模型助力比尔·克林顿的事业发展是一个好例子。克林顿经常用它来评价他人并和他们建立联系，而且他在演讲中始终使用过程沟通模型的所有六种沟通方式。当克林顿竞选总统时，他吸引了几乎所有的听众。大家全神贯注地听他说话——这正是公众演说家想要的。

1996年总统大选的一个关键转折点，是比尔·克林顿在与老布什的一场关键辩论中取胜。杰夫·金解释说，在辩论中，一位妇女问了一个问题，即两党将如何应对经济危机以及危机如何影响了人们的生活。她还说，她觉得经济衰退对她自己的生活以及她的朋友和家人的生活都产生了负面影响。布什从逻辑和价值观两个方面回答了这个问题。然而，这个女人是通过感觉来感知世界的，所以布什的回答未能和她建立有效的联系。

相反，比尔·克林顿很快就学会了她的沟通方式。他亲自回应她，自己感受到了她的痛苦。他还表明了他对经济衰退的感受以及经济衰退对他和他身边人生活的影响。他与她建立了深厚的共情基础，因为他看出来她是一个基于感情进行沟通的人（就像美国北部30%的人）。通过使用这种沟通方式，他立刻赢得了这个人群的信任，并让这个女人（以及和她一样的人）感到被听到和被理解。

不过，希拉里·克林顿则没有追随丈夫的脚步。她在选举中输给了唐纳德·特朗普的原因之一，就是她只掌握了两种沟通方式：逻辑和价值观。杰夫·金认为，由于希拉里·克林顿只讲逻辑和价值观，因此得不到美国北部人们的拥护。

过程沟通模型告诉我们，当人们处于积极的生活状态时，我们可以运用所有这六种沟通方式，并能有效地连接和欣赏所有六种人格类型的多样性。当我们处于消极的生活状态时，我们就处于过程沟通模型所说的困境之中。当我们身处困境时，我们的行为方式对周围的人是负面的。因此，我们对他人的幸福不感兴趣，对与他人建立联系也不感兴趣。

特朗普身处困境时，通常会以他的推动者人格进行沟通。陷入困境的推动者愿意不惜一切代价安抚观众。这种行为能够引导人们同仇敌忾。金指出，特朗普曾说过"我要把我的税交出去"

和"我要和罗伯特·穆勒坐下来聊聊"之类的话。但金认为，特朗普从来没有打算做这两件事中的任何一件，他只是说出来，因为他知道这是他的听众想听的。

推动者还非常善于操控。特朗普在过去的几年里，甚至在竞选的时候，把各个团体对立起来，这样他就可以退一步说：

"嗯，他们相处得不好。我必须去挽救局面。"

当推动者没有陷入困境时，他们可以采取积极的行动，就像任何其他人格类型的人一样。每一种人格都有积极和消极的一面。过程沟通模型教会个体如何使自己处于积极的生活状态，以及如何帮助他人从困境走向更积极的生活状态。

警惕不要误入歧途

不幸的是，杰夫·金发现环保主义者往往是地球上最糟糕的沟通者之一。事实上，大多数讲故事的人都会遇到一个共同的问题。尽管他们通常对自己的事业充满热情，但这往往会使他们误入歧途。你很少看到一个环保主义者能像比尔·克林顿那样，站起来和所有六种人格类型的人沟通。相反，他们倾向于用价值观或逻辑来说话，这只会影响到一小部分人。他们不会吸引大部分听众，因此也不会吸引大部分民众。金认为，未能有效沟通的问题已经拖累了解决环境问题的进展。

一个无法有效沟通的例子是，一位环保人士说道："你要知道，我们应该停止吃鱼，因为海洋里的鱼要灭绝了。如果你吃鱼，你就是有问题的，因为你不关心海洋，也不关心我们的环境。"

老实说，谁愿意听这个？从事实的角度来看，环保主义者可能是百分之百正确的，但是当演讲者贬低和攻击他们的听众时，那些正在听的人会转身拒绝，甚至引起反感。所以诸如"应该""应当"和"需要"之类的词语，或者"如果你不做我想让你做的事情，你就是有问题"之类的陈述，都不会激发积极的改变。

相反，环保主义者或任何与此相关的人，都会获益于尽量分享包括所有六种人格类型沟通方式的信息。更好的演讲应该是：

> 我们非常喜欢海洋和鱼。数据表明，到2030年，鱼类将会灭绝。我们强烈相信，我们必须找到一些鱼类的替代品，因为我们希望我们的海洋能为数代人所敬畏。想象未来，我们的后代依然拥有大量的鱼类资源，并且水也没有被污染。为了这个美好的未来，加入我们，一起行动吧。

这篇演讲中的每一句话都与六种人格类型中的一种直接对话。

过程沟通模型与电影

美国北部的人口中只有5%的人具有推动者人格类型（通过行动感知世界并以魅力为底色的人）。由于敢于冒险，并且富有人格魅力，他们显得很特别。推动者最吸引人的地方在于他们能激励其他95%的人，因为没有哪个推动者会在冒险时感到不舒服。杰夫·金说，很多成功的电影预告片和电影都有一个具有推动者人格类型的主角，这有助于吸引人们为电影买单。当观众看到钢铁侠、詹姆斯·邦德，甚至骗子弗兰克·阿巴内尔（Frank Abagnale）这样的角色时，他们会觉得有些感动，他们会想成为那个角色。你还会发现，推动者往往也因此成为领导角色，如史蒂夫·乔布斯（Steve Jobs）、比尔·克林顿和唐纳德·特朗普。

过程沟通模型与电视广告

虽然电影和预告片更倾向于把推动者作为他们故事的主角，但广告商在电视广告方面需要考虑得更广泛一些。金解释说，在这些广告中，广告商要想有利可图，必须精打细算，用30%的广告信息打动和谐者人群，用25%的广告信息打动思想者人群，用20%的广告信息打动叛逆者人群，再用10%的广告信息打动坚持者人群。基本上，他们需要使用广泛的沟通语言来吸引更多的观众。

一美元剃刀俱乐部（Dollar Shave Club）制作了一个视频，名为《DollarShaveClub.com——我们的刀片非常棒》（*DollarShaveClub.com—Our Blades Are F***ing Great*），非常有效地利用过程沟通模型进行了传播。这段视频在2012年发布后不

久就走红，目前浏览量超过2600万次。它帮助公司起步，并吸引
联合利华以超过10亿美元的价格收购了他们。杰夫·金认为，这
段视频中的叙事之所以奏效，是因为它在传达信息时有效地运用
了多种沟通模型，它触达了最大比例的人群，令他们在吸引观众
的注意力方面表现出色。

过程沟通模型与社交内容设计

在为线上分发设计内容时，你所讲的故事应该符合人们看待
世界的所有不同方式。同样，情感、逻辑和幽默是美国北部的三
大词语，所以如果这群人是你的主要受众，试着在视频、文章和
帖子中用这些元素设计内容。

不幸的是，大多数内容设计师过于注重他们自身感知世界的
方式，从而疏远了很大一部分人群。当他们应该和受众交流时，
他们会下意识地和自己交流。如果你最喜欢的沟通方式是讲逻
辑，你也不能只用逻辑来讲故事。记住，交流从来都不是关于你
自己，而是关于你正在与之交谈的人。

在有英雄和恶龙的世界

对着空气讲故事是没用的。为了避免这种情况，艾瑞克·布

朗斯坦在分享力公司的团队创作故事时，是从挖掘人们为什么关心他们为之创作内容的品牌开始的。迈克·尤尔科瓦茨，艾美奖获奖导演、大桥公司的制片人也是这么做的，他说："如果你找不到与消费者建立情感联系的方法，那就是在浪费时间。"

艾瑞克·布朗斯坦解释说，如果你有一个运动鞋系列，只讲你的鞋脚感好是不够的。很多运动鞋都有很好的脚感，这就是为什么像耐克这样的品牌要铤而走险。他们通过艾美奖的获奖广告吸引人们的注意力，比如在《狂想曲》（*Dream Crazy*）担任主角的前全美橄榄球联盟的四分位科林·卡佩尼克。他在赛前的奏国歌仪式中的行为引起了争议，耐克抓住机会，在广告中重用他，这传达了他们的价值观，给人们以谈资。广告发布后，耐克股价立即达到历史最高点，带来了巨大的回报。

卢皮纳奇补充道，为了让故事更易于分享，他说："想象一下，你可以让每个讲述其消费主张的品牌故事都像童话故事那样结构化。"我们都熟悉几个世纪以来流传的童话故事，它们遵循三幕模式：从前，一切都很好；直到一条恶龙出现；然后，英雄出现，杀死了恶龙。在旁白中，我们得知每个人都从此幸福地生活在新世界里。

卢皮纳奇建议把品牌故事设计成童话故事，这样可以让它更容易分享。如果他要为宝马创造一个童话，那就是：

> 从前，每个人都渴望开一辆好车，对吧？比如，你梦想

拥有一辆凯迪拉克。然后一条龙出现了，叫"太多选择"。它包括价廉物美的日本车，超级昂贵的欧洲车，还有太多的国产车。突然间，没有一辆车让人满意。后来一个名为宝马的骑士出现了——一台终极座驾。所有开着那辆车的人从此过上了幸福的生活。

从本质上说，如果你的产品是针对客户的"恶龙"问题的解决方案，并且你以一种可分享的方式讲述，那么更多的人可能会注意到你要说的话。

你知道你有多渴望一个简单的成功公式吗

卢皮纳奇最喜欢的一个句式是：你知道某事是怎样的吗？从本质上讲，你和别人分享你的想法时，首先要说"你知道某事是怎样的吗？"，看他们是否同意。例如，当卢皮纳奇重新推出达萨尼（Dasani）品牌时，他知道其他瓶装水公司的卖点都在这样一个前提下，即他们的水是健康的，而且水源好。但卢皮纳奇凭直觉意识到，当人们选购饮用水时，与其说是由饮料是否健康或来自何处决定的，不如说是由自己是否喜欢它的味道决定的。此外，虽然很多人认为水没有味道，但卢皮纳奇知道事实并非如此。大多数人完全可以分辨出自来水和瓶装水的区别，而且每一瓶水都有不同的味道。

所以，卢皮纳奇利用了这些发现，并使用了下面的"你知道某事是怎样的吗"的逻辑来判断别人是否同意他的理论。他的思考结构如下：

你知道市场上有7.5万种饮用水的品牌，而我们每天要喝8杯水吗？"是的，我知道。我经常听到。人们对我重复这句话。我办公室里有一个巨大的饮水机。水，水，水，水。"好吧，你知道你不能区分哪一个更好吧？"是的。"好吧，你知道在一天结束的时候，无论你喝什么或吃什么，它一定要味道好，否则就是药，对吧？"是的，我知道。"嗯，你应该尝尝达萨尼。"是什么让它如此特别？"达萨尼是让你流口水的水。

通过做这个练习，卢皮纳奇可以很快看出他的活动创意到底有多有效。

下一次当你想出一个诱点、一个故事、一个新的商业计划时，告诉别人你的概念与你的问句，看看它是否能通过测试。如果大多数人对你的信息没有共鸣，你就会知道你偏离了正轨。如果人们对你说的话点头表示同意，那么你就更接近于知道你的下一个诱点是什么了。

这就是你想要的关注吗

在营销任何产品或服务时，你的工作就是让人们关注。然而，重要的是要警惕你引起了什么样的关注。关注并不总是转化为成功，尤其是当你的信息与你的产品主题不一致时。

例如，为了对电影魔戒三部曲的第三部电影《指环王3：王者无敌》（*The Lord of the Rings*：*The Return of the King*）进行数字营销，派拉蒙的团队开发了一个诱点，使宣传视频走红。他们的数字团队拍摄了电器城里的顾客对他们恶作剧营销的反应。顾客们正在买电视，当电影里令人毛骨悚然的角色从电视里爬出来时，人们吓得惊声尖叫，泪眼婆娑。

这部恶作剧的浏览量约为1000万次。然而，虽然宣传这部电影的内容在网上疯传，但电影本身却没有。这段视频让人发笑，这是它诱点的一部分，但《指环王》属于剧情片类型，所以讲一个能引起笑声的故事并不符合观众对电影本身的总体主题的反应。为了吸引合适的观众，在视频中引发紧张情绪而不是笑声可能会更有效。

如果创造的吸引人的东西与你要表达的内容不相符，那么它就毫无意义。你要确保你的故事吸引眼球，并与你产品的整体信息或主题保持一致。如果做不到这一点，即使你可能会引起轰动，最终你也将无法打动那些你想要提供产品或服务的潜在客户。

你的品牌不是你故事中的英雄

分享力公司的艾瑞克·布朗斯坦解释说，当我们讲故事时，品牌不应该自视为英雄。一个品牌越是退居英雄人物的背后，它就越能在观众中建立起信任和声誉。

红牛（Red Bull）采用了此种营销策略。在网站和社交内容中，他们选取了不同运动项目的运动员。无论是攀岩、篮球还是板球明星，红牛都为他们创造舞台，来讲述这些成就卓著的运动员的故事。再说一次，他们不谈论自己的运动饮料，相反，他们让运动员成为故事中的英雄。

事实上，在2012年，红牛公司投资了6000多万美元来举办、拍摄和推广它的红牛同温层计划（Red Bull Stratos），该活动的特色是跳伞运动员菲利克斯·鲍姆加特纳（Felix Baumgartner）在距地球表面约39万米的高空一跃而下。菲利克斯·鲍姆加特纳自由落体的速度高达1342公里/小时，打破了三项世界纪录，包括以1224公里/小时的速度突破音障。红牛举办了这一盛事，并利用其制作公司红牛传媒公司和电视频道ServusTV向其他各种媒体分发影像。此外，"油管"的直播页面在他正式跳下之前就已经创造了超过3.4亿的网站浏览量纪录。这一活动又帮助"油管"创造了一个新的纪录，有800多万观众同时观看。《卫报》（*The Guardian*）的欧文·吉布森（Owen Gibson）报道说，各大品牌

"多年来一直在谈论成为内容制作人而不是简单地付钱给媒体和权利所有者做广告或者在运动衣和场地围板上贴上自己的商标，但没有人像红牛那样认真对待它。"红牛在这一活动营销上投入的大量时间和金钱证明，他们重视让运动员成为他们故事中的英雄，更不用说，"从太空跳伞"是一个疯狂的好诱点。

布朗斯坦解释说，即使在创建B2B视频时，他们也不会把为其创建视频的企业放在聚光灯下。例如，他们为奥多比体验云制作了一个B2B视频。使用该产品的客户之一是圣裘德儿童研究医院（St. Jude Children's Research Hospital）。在共享力公司为奥多比创建的视频中，他们讲述了医院如何使用奥多比的技术来提高工作效率。医院及其客户是故事中的英雄，而奥多比和红牛一样，扮演着舞台的角色。

另一家知道如何在营销活动中保持领先地位的公司是耐克。当他们与前四分卫科林·卡佩尼克一起合作营销时，他们根本没有聚焦于耐克本身。科林·卡佩尼克和他的激进主义是故事中的英雄。人们认为，采取这样的立场会扼杀公司，但相反，正如前文所指出的那样，它推动了耐克的股价暴涨。

另一个卓越叙事的典型案例，来自耐克的《梦想狂人》（Dream Crazier）视频。它将女性运动员和教练在不同的场景中喊叫和哭泣的影像进行了混剪，解释了人们通常将女性的情绪或直率贴上"疯狂"的标签。然后，它展示了女性第一次打拳击或成为体育教练的影像，并解释说，当她们刚起步的时候，这些女性也被认为是疯子。它传达的信息是，当看似疯狂的女性表态时，她们会变得强大，这击破了有关女性应该如何行动的桎梏。耐克敦促女性"敢于疯狂"，这样她们就能向人们展示疯狂所能取得的成就。

同样，视频并不是以耐克为中心。它简单讲述了一个关于力量和能力的引人入胜的故事。耐克之所以出现，是因为很多运动员都穿着他们的衣服，我们可以在视频的最后看到他们的标志，它们是舞台的布景。

布朗斯坦提醒我们，讲故事首先不是理性的，而是感性的，这就是为什么你要想办法让人们爱上你的品牌。他建议，要做到这一点，你应该从实际的恋爱关系是如何形成的道理中获取一些提示。例如，他们不是通过操纵或不断要求别人为你采取行动而建立起来的。为了得到爱，你必须提供爱。当你慷慨时，你就收获。对于品牌和观众，索取的最好方法是提供价值。通过选择致力于和你的观众建立亲密关系，你将会讲述更好的故事，并且更让人们心动。

此外，人们更在乎自己而不是你的品牌。如果你的品牌在聚光灯下，人们就会扭头走开。相反，如果聚焦于观众的反馈，你就能吸引他们，并为他们提供价值。

品牌的问题出在哪

艾瑞克·布朗斯坦指出，衡量内容效果的标准往往与讲述好的品牌故事的初衷不符。投资回报率并不一定适合考核品牌建设，广告支出的回报也并不总能体现为品牌内容带来的价值。当你创建的内容侧重于讲故事、建立品牌和推动参与度时，你不一定要让人们点击并购买产品或服务。参与和转化可以齐头并进，但它们不一定是一回事。布朗斯坦看到很多品牌用同一个内容试图达到一举两得的效果，但这可能是无效果的、低效率的，被认为是不真实的。尝试将两个不同的目标混在一起，会让观众觉得他们在看广告，而不是接收有价值的内容。

理解一段为了创建品牌而讲故事的内容或信息与一段用来销售产品的内容或信息之间的区别是至关重要的。如果你想一举两得，可以参照艾瑞克·布朗斯坦的团队在分享力公司使用的"全漏斗激活"策略。首先，他们通常会从大的、病毒式的、可共享的内容开始。然后，他们会转向能激发更多参与度的内容，但是这些内容并不一定会有效推动受众采取行动。最后，他们通常会将内容推给参与前两部分内容的人，请他们采取与客户目标相关的行动（例如单击、下载或购买）。

2016年，在佳讯无线（Cricket Wineless）与约翰·塞纳（John Cena）合作的营销活动中，"约翰·塞纳意外现身"

（*The Unexpected John Cena*）的恶作剧视频让互联网表情包变得栩栩如生，当时，塞纳让那些以为自己正在参加广告试镜的粉丝们大吃一惊。当歌迷们假装在试镜中介绍约翰·塞纳时，他却突然从一张印有自己形象的海报中冲了出来。分享力公司在脸书和"油管"上发布了这段视频，它的总浏览量超过2.35亿次！然后他们制作了后续视频"约翰·塞纳的反应"（*John Cena Reacts*），这实际上是分享力公司发起的一场更大营销活动的一部分，叫作"约翰·塞纳热爱互联网"（*John Cena Loves the Internet*）。

"约翰·塞纳的反应"推翻了原始视频的脚本，这是"约翰·塞纳意外现身"的反转。在视频中，粉丝们给塞纳的惊喜，取代了塞纳给粉丝们的惊喜。他打开球迷的感谢信，他们感谢他"永不放弃"的座右铭帮助他们从伤病和心痛中恢复过来。然后，随着视频的进行，在观看一个小男孩感谢他帮助母亲战胜癌症的片段时，约翰·塞纳情绪激动起来。剪辑结束后，男孩与母亲一起从第一段视频中的同款海报中走出来，亲自感谢约翰·塞纳，这让约翰·塞纳大吃一惊。他非常感动，我们看到了所有参与者之间彼此表达感恩的美好画面。

这些营销活动之所以非常成功，其中一个原因是他们没有提出任何要求。他们唯一的目的是为观众提供价值，从第一段视频让他们发笑，到第二段视频打动他们的心。第二段视频在2017年成为全球分享次数最多的广告，并在"油管"的热门视频中排名第三。在脸书上，它在最初的上传中获得了超过250万次的分享和1.1亿次的浏览量，以及超过1.75亿次的总浏览量，包括观众的反复观看。整个"约翰·塞纳热爱互联网"活动共获得近300万次分享和近1000万次的跨平台参与。

在前两个视频获得成功后，分享力公司的团队通过创建视频广告来重新定位前两个视频的受众，从而为该活动带来价值回馈。约翰·塞纳发出消息，鼓励观众访问佳讯无线的网站。看到这些更为传统的广告的人，是那些已经感觉到与约翰·塞纳（以及由此引申的佳讯无线）有着强烈联系的人，因为最初的内容是感性的和引人入胜的。当粉丝们感觉到一种真实的联系时，他们更有可能注意、关注并采取行动。

布朗斯坦补充说，当你专注于提供价值时，你最终会得到很好的，有时甚至是出乎意料的好结果。有一次，在与一家大型宠物用品公司的合作中，分享力公司通过两个视频达成了80万人次的网站点击量转化，而两个视频的主要目的并不是引流。之所以会出现这种情况，是因为视频的内容非常引人入胜，从而提高了视频结尾处行动号召的有效性："如果你想了解更多关于如何让世界变得更适合宠物的知识，请访问这里。"

我也同意企业家加里·维纳查克的观点，他认为只关注产品信息的广告人只是为了赚钱和销售产品。虽然他们确实赚钱，但他们没有着眼于建立品牌的长远愿景，这最终会导致他们陷入困境。相反，维纳查克和我敦促人们把重点放在创造能够吸引更大量客户的品牌内容价值上。考虑到这一点，很多过于直接的广告元素都应当被移除。大多数人犯了一个错误：把一条品牌建设的内容变成一个过于直接的广告，或者反其道而行之。然而，我一直在研究、测试品牌建设和硬广告如何相互影响，截至目前结果是显著的。同样，你的初心必须是真实的和价值驱动的，旨在打造品牌的内容和硬广告都可以驱动结果。

数字叙事的视觉设计技巧

数字内容策略师纳文·戈达花了大量时间研究人们如何成为"油管"上的佼佼者。"油管"是一个可以让人们花费大量时间观看长篇内容的视频平台。戈达研究了平台上的视频博主和个人品牌，发现那些成功者都有着相似的沟通风格。

有效的沟通设计需要注意视频中的色彩、节奏和灯光等因素——许多看似无关紧要的细节对视频的成功有着巨大的影响。例如，戈达发现，顶级表演者平均一段视频有四五百万次的浏览量，他们的发音极其清晰。那些发音不够清晰的"油管"用户就没有获得大量的浏览量，不管他们的视频内容在消息传递上有什么相似之处。在研究了影响视频成功的所有细节之后，戈达对沟通设计有了深刻的理解。如今，他拍摄的视频，即使概念上不一定很强大，也能获得较高的浏览量。

请记住，故事的视觉、听觉信息很重要，因为通过视觉和听觉呈现的概念更易学习，也更容易被回忆起来。利用这一技巧会让人们对你的内容更感兴趣。此外，研究你的竞争对手，从而帮助你更快地做出正确的视觉选择。花时间学习他们是如何处理视频沟通设计的，可以帮助你节省时间并且更快地取得更好的效果。

令观众满意

戈达认为，在数字平台上讲故事最重要的是创造出令人满意的视频。幸运的是，有无数种方法可以产生令人满意的视觉效果。他举了一个例子，视频中一个人把手指放在胶黏物里——"这个视频看起来很有趣，即使没有人能真正解释为什么"。满意也可以来自观看一个人快速画画或填写白板，在你被视频吸引后就会想继续看下去，并在观看完视频后获得完成感。当你观看植物超速生长的视频的时候，这点尤其明显。你之所以对此类视频感兴趣，是因为你看到了植物以现实生活中从未有过的方式生长的全貌。你看到了全貌，再一次获得了完成感。

在创作内容的同时，要考虑观众的观看满意度，这样会吸引更多的观众。视觉上的惊喜和愉悦可以提高营销材料和社交视频的观看效果。

通过电子邮件讲故事：制作陌生推销电子邮件

销售来自关系，这就是为什么推荐是与你想合作的公司建立联系的最佳方式。然而，有时你和你想认识的人之间并没有交集。在这种情况下，你需要找到一种方法来建立联系。领英之类的工具可以帮助你建立联系，但随着这个平台信息轰炸现象越来越严重，电子邮件可能仍然是最好的方式。

电子邮件比领英上直接发消息更有效，因为电子邮件地址的获取难度相对较高，因此电子邮件仍然是向他人推荐你的产品和服务的标准方式。此外，领英上的人很少检查收件箱，它们不像电子邮件那样被频繁地查看。另外，当你不认识某人时，陌生电子邮件比陌生电话更有效。通常最好等到你被介绍或至少有过一次面谈之后再打电话给陌生目标，这就是为什么你撰写高水平电子邮件的能力可以极大地提升你的职业生涯，甚至可能帮助你拿下一笔大生意。

有一次，我的一个朋友完成了一笔价值数千万美元的交易，这笔交易是从一封陌生推销邮件开始的。他在领英上做了一些研究，以找到目标公司的关键人物。当找到他想联系的部门领导时，他通过测试各种电子邮件格式（本章后面将介绍这个过程）来找出此人的电子邮件地址。在他找到那个电子邮件地址后，他就发送一条信息说："您好，我有几个朋友开了一家公司。如果能了解一下您对它的看法，那就太好了，因为我正在考虑在那里找份工作。"

这位部门领导很快就找到了我的朋友，并提出一起喝咖啡。会面结束时，这位部门领导说："我想与他合作，通知他来详谈。我认为我们可以一起做很多事情。"那次会面为我的朋友带来了一份新工作，此外还有一笔价值数千万美元的交易，这一切都是从一封陌生推销邮件开始的。大多数人不会回复此类邮件，但如果你能通过A/B测试的艺术巧妙地运用你的方法，可能就会收获巨大的回报。

陌生推销电子邮件的标题

要写一封成功的陌生推销邮件，首先要用标题来陈述你的诱点。例如，在我朋友发给部门领导的电子邮件中，标题是："我能得到您的一些建议吗？"他不是想向这个人推销任何东西。然而，这却给他带来了他职业生涯中最大的一笔生意。

我之所以强调这一点，是因为人们通常都是错的（尤其是在领英上）。他们试图立即向人们推销他们的产品或服务。我将在第7章中详细讨论为什么这种方法不起作用。但现在，请注意，尤其在发送的第一批陌生邮件中，你不应该试图向任何人推销任何东西。

陌生推销电子邮件的正文

在我朋友的邮件正文中，他创建了一个突出而不突兀的方案。他只是问一下对方的想法："我们不认识，但这个机会似乎真的很有趣。我正在考虑在这里工作，我想听听您的意见。"

采取这种方法，让他的目标认为："好吧，这家伙不是想卖给我任何东西。"事实的确如此——当我的朋友发出第一封电子邮件时，他真的没有试图向那个人出售任何东西，他只是想知道他的建议和观点。那时的真诚为后来的交易打开了大门。

用A/B测试法发送陌生推销电子邮件

我建议你用A/B测试法测试你的电子邮件的标题和正文，以了解哪些因素对于你的目标受众是最有效的。首先，通过对领英的研究，建立一个电子邮件目标列表。例如，如果你想联系洛杉矶的娱乐公司，确定其中的100家，并寻找他们的创始人或管理团队。然后，找出他们的电子邮件地址。

寻找电子邮件地址通常是这个过程中最乏味且最耗时的部分。有一些在线工具可以帮助你获得电子邮件地址，例如

hunter.io，Find that email和Clear bit。或者你可以在谷歌上搜索一个被推荐的电子邮件地址，查找匹配项。另一个策略是看这个人是否写过文章，因为他们的电子邮件地址经常在那些文章中被提到。

一旦你找到了想要的目标电子邮件地址，就把你的名单放入客户关系管理（CRM）软件中，如HubSpot、Salesforce或Freshsales。然后建立一个四封电子邮件的发送频次组（email cadence）。我不建议发送四封以上的电子邮件，因为过犹不及。如果你的目标在收到四封邮件后没有回复，那么是时候换一下正文，转向公司里的另一个人了。

四封电子邮件序列结构的示例如下：

电子邮件1：概述如何通过你的服务和产品解决目标公司业务的痛点。

电子邮件2：重申你的服务和产品，看看他们是否感兴趣。可以添加一个例子，或者列出你服务过的相关客户。

电子邮件3：为跟进道歉，并提出一个问题，看看此人的目标/目的是否与你的服务一致。

电子邮件4：发送一封简单的电子邮件，询问对方是否有时间联系。

例如，在一个序列中，你可以在电子邮件中尝试两个不同的价值点，看看哪个更吸引人。A组的第一封电子邮件标

题可以是："通过社交媒体营销刺激（目标公司名称）的增
长"，而B组的第一封电子邮件标题可以是："社交媒体营销
及其如何刺激（目标公司名称）洛杉矶的消费者。"

当发送这两封不同的电子邮件时，将导语分开，意思是
给50个不同公司发送A组电子邮件，然后再给50个不同公司的
人发送B组电子邮件。然后查看哪些电子邮件得到回复。如果
你没有收到任何A组电子邮件的回复，可以给同一家公司的另
一个人发送B组电子邮件。继续进行A/B测试，直到找到真正
最佳的电子邮件正文。

如何写出能让销量翻番的营销文案

写出引人入胜的文案是一项基本技能。如果你不能有效地
沟通你的诱点，你将不会被注意到。为了帮助你成为一名更好
的文案撰稿人，我建议你读一下迈克尔·马斯特森（Michael
Masterson）和约翰·福德（John Forde）写的《伟大的导语：开
始任何销售信息的六种简单方法》（*Great Leads：The Six Easiest
Ways to Start Any Sales Message*）。在本书中，他们讨论了六个最
佳文案开场白，包括"报价导语""问题解决导语""大秘密导
语""公告导语"和"故事导语"。鉴于我们的目的，我将重点
介绍公告导语，因为我相信这可以帮助你写出有效诱点和故事。

公告导语以充满感情、引人入胜的语句作为标题来开头。它被加粗突出显示，其主题与预测相关，并且提到会给出预测的解决方案。此外，它通常基于让人们感到吃惊的预测。我们的目标是通过提供一个可以"实现不可能"的解决方案来引起人们的好奇心。然而，为了让这个加粗的语句起作用，下面的文案必须提供信息证明这个声明/承诺的有效性。此外，一个好的公告导语，不到文案的最后不会透露产品或服务的最重要的信息。

《伟大的导语》解释说，有史以来最成功的销售信函之一，是为了推销《可选期刊》（*Journal of Alternatives*）而写的，开头的标题是"要么读，要么死"。这篇文章吸引了潜在客户的注意力，让读者想知道什么信息如此重要，如果没有这些信息，他们就会死。在这个诱点吸引了人们的注意之后，下面的文案随即提出一个大胆的预测："今天，你会有95%的概率最终死于某种疾病或状况，而这种疾病或状况在地球上的某个地方已经有了众所周知的治疗方法。《可选期刊》的编辑想把你从这种命运中解放出来。"这条导语让人们思考，"天哪，如果95%的人死于可治愈疾病的说法是真的，那我最好多了解一下。"对于健康的相关信息感兴趣的人会想继续读下去。

另一个以预测形式出现的公告导语是："危机倒计时！到2006年12月31日，三个令人震惊的事件将摧毁数百万美国投资者……"读者们马上就想知道，到2006年年底，到底会发生哪三件事并造成这种影响，这激起了他们的好奇心。随后的文案为这一预测提供了可信度，解释说它来自一位"著名的市场分析师"，这一令人信服的声明将读者吸引到了接下来的故事中。马斯特森和福德补充说，一个伟大的公告导语"不能写出来，它必须被找到"，最好的办法是通过研究找到一个。你需要找到支持你的公告导语的证据，这样它才能真正脱颖而出，并且令人信服。

为了给你的品牌找到一个很好的公告导语（或者任何类型的导语/吸引点），文案撰稿人克雷格·克莱门斯建议写一段关于你的潜在客户的恐惧、欲望和需求的文案。然后，想想你的产品或品牌如何改善潜在客户的生活（如果你有数据证明你的潜在客户的问题有多糟糕，或者你的解决方案有多好，那就更好了）。最后，找到你的潜在客户的问题与你的解决方案的交集，并用这个交集作为主要信息来创建文案（或社交媒体视频脚本）。

让你的信息产生共鸣的黄金公式

在罗兰·弗雷泽（Roland Frasier）的播客"商务午餐"中，克莱门斯概述了一个名为"冲击弧"（Impact ARCS）的四步文案公式，它能帮助你吸引观众的注意力。流程如下：

1. Ask——提出一个答案为"是"的问题

提出一个答案为"是"的问题，你的潜在客户会回答

"是"。比如，"你想让你的钱在银行里得到最大的回报吗？""是的。""那就考虑买艺术品吧！"

2. Reveal——换位思考假如你是观众

表明你一直处在你的听众的位置上——一个通常他们不可能期待在这个领域取得成功的地方。准备好舞台，通过经历展示，你学到了可以帮助他们达到目的的关键信息。揭示一些真实的、你想了解更多的东西，比如说："我过去经常找地方投资，但我不知道我可以通过购买艺术品获得高额回报"或者"我想做，但我不知道从哪里开始。"

3. Call——说出让你走出迷雾的发现

在这里，你要解释你学到了什么从而帮助你达到现在的水平，这也会帮助你的听众达到现在的水平。比如说，"我发现了J.保罗·盖蒂（J.Paul Getty）的一本书，《如何致富》（*How to Get Rich*），他在书中解释了他是如何通过艺术致富的。这真的很有趣，但我不确定这些原则是否适用于当前的艺术世界。我决定会见一位著名的艺术品投资者，他从艺术品中赚了几千万美元。我给他看了这本书，他解释了如何将这些信息应用到当今的艺术世界。我开始使用这些原则，在过去的五年里，我平均每年获得30%的回报，这比我从股市获得的回报还大。"

4. Send——让大家行动起来

让大家行动起来，这是你的行动号召，也是你所期望的沟通效果。你可以借此机会让大家注册你的电子邮件列表，购买你的书或者关注你的账号——例如，"我把策略放在一个完全免费的网页上，你可以在这里查看"或者"注册我的电子邮件列表，在那里我会逐个展示这些技巧"。

● ● ● **本章回顾** ● ● ●

① 尽量全面地了解潜在客户的需求。这将有助于指引你包装信息，以及如何与听众联系。

② 使用过程沟通模型与听众沟通，并确保叙事方式与观众人格类型相匹配。有效地讲故事的人会灵活地使用关于逻辑、价值观、幽默、想象、行动和情感等方面的词汇。他们会为所有六种人格类型提供信息，这样他们就可以让100%的观众参与他们的故事。

③ 用"你知道如何……"这个结构来测试你的诱点、故事和商业计划，看看人们是否对你的想法感兴趣。

④ 不要让你的品牌成为你所讲故事的英雄。相反，关注你能从观众那里得到的反应，并为他们提供价值。

⑤ 讲一个故事，让你的观众感觉到你们之间的联系，爱上你的品牌，并理解你正在讲的故事。如果你专注于与你的观众建立紧密关系，那么你会有更多的忠实客户。

⑥ 为了大幅增加你的视频浏览量，请考虑沟通设计，包括视频的视觉和听觉方面，以及观众的观看满意度。

⑦ 如果使用得当，陌生推销邮件可以成为挖掘潜在高价值客户的金矿。

⑧ 使用陌生推销电子邮件的标题来陈述你的诱点。然后用A/B测试法测试你的文案，看看哪些电子邮件能得到最好的答复。

⑨ 在编写销售产品或服务的文案时，找出潜在客户的痛点和解决方案的交叉点，并使用该交叉点作为主要信息来创建文案（或社交媒体视频脚本）。

⑩ 使用"冲击弧"四步文案公式来吸引潜在客户。

第5章

如何避免诚信危机：
一堂关于真诚、信任和可信度的大师课

　　"约会"（Bumble）应用的创始人惠特尼·沃尔夫（Whitney Wolfe）发起了一个赋予女性权力的计划。她想要改变约会时对男女的双重标准的活动，即要求女性腼腆斯文，不能主动追求自己想要的。她希望通过让女性迈出第一步来改变这种情况，于是她创建了一个约会应用，要求女性在平台上首先向自己感兴趣的男性发出信息。

　　作为南卫理公会大学（Southern Methodist University）的毕业生，沃尔夫前往校园里的各种女生联谊会，并发出呼吁：女性有权得到她们想要的东西。她解释说，恋爱关系不一定要由男性主导，男性可以从追求的压力中得到解脱。沃尔夫表达了她对改变社会规范的兴奋之情，并鼓励这些女性下载这款应用。然后她去了男生宿舍，告诉他们有成百上千的女生等着和他们一起出去。此外，她还会给这些男生一块比萨或饼干，作为他们下载这款应用的小礼物。

　　创建一个旨在改变约会机制和赋予女性权力的平台，这个诱点创造了5200万的下载量和3.35亿美元的营收。这是一项相当大的成就，尤其是考虑到在2014年12月沃尔夫推出这款约会应用时，这个领域的竞争已经相当激烈了。

　　"约会"应用如此成功的部分原因在于沃尔夫的真诚，且有目的地创建了这一品牌与她的人生使命相连接。她对于改变的渴望，让她与众不同，在众多竞争者中脱颖而出，并帮助她的公司获得成功。

你为什么要起早贪黑

真诚有助于让你的诱点令人印象深刻，让你在3秒内就给消费者留下印象。如果你的诱点、故事和产品/服务不真诚、没有目的，它们就会缺乏实质内容，最终必将走向失败。如果你熟悉西蒙·斯涅克的书《从为什么开始》（*Start with Why*），你就会知道他为什么敦促各大品牌"清楚地表达他们为什么要做他们所做的事情"。一个品牌的"为什么"就是他们的"目的、使命或信念"。西蒙·斯涅克敦促各品牌问问自己："你的公司为什么会存在？""你早上为什么要起床？""人们为什么要关心这些呢？"这些问题的答案与你做了什么，你的产品或服务的成本，或你在哪里销售都无关。了解你的"为什么"有助于你保持真诚，并与客户建立信任。

许多公司只专注于赚钱，从不停下来问问自己，消费者为什么要把自己宝贵的时间和金钱优先投入到你的产品或服务上，消费者不想为你的薪水付出代价——他们想要的是得到有价值的东西。当他们看到你所做的事情背后的目的时，就会提升你的价值，并能激励他们成为你的世界的一部分。

像苹果和耐克这样的品牌，已经将如何表达"为什么"运用得炉火纯青，在与其品牌相关的媒体、产品的设计和包装，以及商店的布局中，你都可以看到这一点。这些公司做出的每个决定都是为了支持他们的整体品牌愿景。例如，斯涅克解释道，苹果公司从总体来说通过如下的观念以一种非常特别的风格来与客户沟通："我们做的每一件事，都是在挑战现状。我们相信会不同凡响。我们挑战现状的方式是让我们的产品设计精美、使用简单、用户体验良好。而我们恰好制造出了很棒的电脑。想买一个吗？"苹果公司对"为什么"的清晰理解和表达，让用户将产品视为他们理想的真实展现。

西蒙·斯涅克补充道："苹果认为，其最初的苹果前三代电脑和麦金塔电脑挑战了占主导地位的IBM DOS平台。他们的iPod和iTunes产品挑战了当时的音乐产业。我们都明白苹果为什么要这么做。"

传奇文案创作者卢皮纳奇，就是"人们对你做什么不感兴趣，只在意你相信什么，买你相信的东西"这一概念的主要支持者。在为广告公司Wieden+Kennedy工作时，卢皮纳奇去了欧洲，帮助耐克开发了进入欧洲足球市场的广告。这个时候，欧洲足球正经历着巨大的变化——你可能知道，由于各种历史原因，法国和英国一直是宿敌。但在1992年，令许多人吃惊的是，一位名叫埃里克·坎通纳（Eric Cantona）的法国足球运动员成了英国曼联队的队长。这是一个历史性的事件。但是，当耐克已经赞助坎通纳的时候，他们不知道如何将这个事件运用到他们的营销策略中——他们觉得自己没有足够的权威性来谈论欧洲足球，因为他们对这项运动一窍不通。当卢皮纳奇和耐克谈到他认为应该将品牌介绍给欧洲球迷时，他解释道，耐克有一个不可思议的机会，因为他们的品牌历史就是"想到就做"。卢皮纳奇说道："要知道，如果杰基·罗宾森（Jackie Robinson）在职业棒球大联盟上打破肤色障碍时耐克就在的话，他们会赞助他的。这就是耐克的宗旨，这就是这个品牌被消费者喜爱的原因。"

在向耐克公司的展示中，卢皮纳奇的团队将切·格瓦拉（Che Guevara）的一幅图像放在一张幻灯片上，上面有他们签约过的所有伟大的球员以及声明："耐克公司自1971年以来就在打破传统。"然后卢皮纳奇继续分享，这个新的足球品牌支柱的独特之处在于，他不仅有权力参与职业足球世界的讨论，而且还能说出对手无法说出的时事话题。这次谈话并不是关于装备更新的，而是关于"一场运动本身的社会结构的革命"。演示击中要害，为团队如何真诚可信地向大众展示他们的观点定下了基调。

卢皮纳奇补充道，真诚可信对于将即时事件（或者他喜欢称为"煽动事件"）添加到活动中是至关重要的。这一点很重要，因为"想象一个你喜欢的电视节目或电影系列。如果一个角色突然在某一集或续集中做了一些奇怪的事情，你会觉得不真实并感到不满意。类比到营销上，品牌偶尔会做一些扩展，或者创造一些看起来不真实的信息。通常情况下，这是因为品牌还没有把他们的理念和他们的产品联系起来"。

这也是为什么卢皮纳奇相信耐克有权利进入欧洲足球："不是因为他们在制造鞋子方面的成就，而是因为他们传递信息的力量和连续性。"足球对耐克来说可能是一项新运动，但这个品牌的宗旨以及它与运动员的共鸣成功地超越了各种个人运动。品牌的力量并不仅在于产品的质量，品牌的力量源于它自己的信念。

另一个了解自己价值的品牌是傻瓜系列丛书（For Dummies series），它讲述了一个打破常规、挑战现状的故事。约翰·基尔库伦是IDG图书环球公司（IDG Books Worldwide）的创始成员兼董事长和首席执行官，同时也是傻瓜丛书的策划者，他与我们分享了这一系列作品的创作目的是提供一个有趣而简单的参考，为读者学习某一特定主题的知识提供帮助，并解决生活中遇到的问题。傻瓜丛书的粉丝对贯穿于每一本书的轻松幽默的表达方式、卡通插图和图表设计给予较高评价，它们使学习更加具有吸引力。

想要找到"为什么"，请阅读西蒙·斯涅克的书《从为什么开始》。对于个人或公司，它将指导你发现什么能让你惹人喜爱。这将是一个指南针，帮助你开发更真诚的诱点和故事。

案例 吉列与耐克

了解你的"为什么"对于想出诱点和讲故事是非常重要的。如果你不清楚自己的"为什么"，你可能会冒犯别人。最近，吉列的广告《我们相信》（*We Believe*）遭到了很多人的抵制，该广告涉及"有毒的男性气概"，包括性骚扰、反性骚扰运动和欺凌。尽管广告中的信息很好——当然，男性和女性都应该尊重他人——但让观众感觉被拒之门外。

作为一个品牌，吉列在此次活动之前并没有谈论过社会责任。他们总是专注于剃须脱毛，这就是为什么当他们突然推出一则广告，告诉男士们需要有不同的行为方式时，许多消费者觉得他们试图在未经允许的情况下插话，因为这不是这家公司的做派。对一些观众来说，这则广告给人的印象是毫无道理、投机取巧的。此外，这是因为吉列通常只谈论他们的产品——有五个刀片的剃须刀和用于剃须护理的润滑设备——吉列从来不是一家告诉你他们为什么生产剃须刀的公司。所以，尽管吉列确实通过这则广告吸引了很多关注，但不清楚它是否真的帮助吉列建立了新的连接和品牌亲和力。社交媒体监测与分析公司Crimson Hexagon的产品营销高级总监简·祖潘（Jane Zupan）认为，该广告帮助吉列建立了与女性的新联系，但目前这则广告在"油管"上已经有

150万人表示不喜欢，只有80.6万的人表示喜欢。总之，我不认为这个活动取得了巨大的成功。

这一结果与耐克在社会问题上的立场形成了鲜明对比。耐克公司在这一领域富有经验，多年来在阐述"为什么"方面做得非常出色，这就是他们在下面活动中取得成功的原因。耐克在颇具争议的科林·卡佩尼克（Colin Kaepernick）活动中以卡佩尼克的独特声音发出口号，"相信某事，即使这意味着牺牲一切"。这个标语引用了国歌来抗议警察的暴行，这可能断送了卡佩尼克在全美橄榄球联盟的职业生涯。广告收到的回应褒贬不一，但因为耐克了解他们的核心受众（Z世代和千禧一代），他们支持社交活跃的品牌，因为这则广告看起来与品牌的核心价值观保持一致（耐克表示，他们将资助那些做出牺牲的人），所以活动反响良好。这则广告发布后，耐克的股价创下历史新高，广告发布后的第一个周末网上销售额增长了31%，并且在推特上一天就收到了超过45万的新关注。

对于如何选择正确的诱点方面，这两个活动结果的巨大反差是一个很好的经验教训。你不能随心所欲地创造一些与品牌愿景不符的诱点和故事，因为这可能会适得其反。另一方面，如果你选择了正确的诱点——真诚展示你是谁——它们就可以为你带来多次成功。

好诱点可以增强可信度

　　分享力公司的艾瑞克·布朗斯坦，利用诱点快速建立了新的商业机会的信誉。当他参加会议并想与小组成员联系时，他只有几秒的时间来吸引他们的关注。经验丰富的他知道，迅速建立信誉的最好方法之一是使用诱点。一位演讲者一走下讲台，他就会走到那个人面前说，"嘿，太棒了。我想和你谈谈，因为**我们正在创作世界上最成功的视频内容**，我们可以帮助你更好地讲述你的故事，接触到更多的人。"加粗的句子是让布朗斯坦建立信誉并参加会议的诱点。如果他没有把正在创作世界上最成功的内容的信息放进来，只是对演讲者说"我想和你谈谈……"，那他不会脱颖而出。他会像其他人一样去争抢演讲者的关注。

总统候选人，演员休息室，以及有关真诚的一课

　　当我飞往纽约为我的上一本书做一些新闻采访时，我参加了两个节目，其中一个是《大卫·韦伯秀》（*The David Webb Show*）。采访结束后，大卫·韦伯问我是否考虑接待新的客户，是否可以看看他在社交媒体上的表现。虽然我参加他节目的唯一目的是提供价值，但我最终获得了一个潜在的商业机会。这是因为我真心希望把工作做好，能帮上忙，我还有一个强大的诱点——

30天内吸引百万粉丝（这也是我一开始被邀请上节目的原因）。

我在福克斯商业网络的电视节目《肯尼迪》中也有过类似的经历。在休息室等候的时候，我遇到了民主党总统候选人约翰·德莱尼（John DeLaney）。我们开始交谈时，我还不知道他是谁。我们就我在社交媒体上的作为以及我的观点进行了一场真诚对话，然后他询问是否可以聘请我帮助他开展社交媒体活动。有计划地与人会谈，提供价值，真诚联系，就能建立足够的信任和信誉，获得潜在的新商机（我没有试着向约翰·德莱尼或大卫·韦伯推销任何东西，更没有使用任何销售说辞）。

你也可以这样做。为了建立信任和信誉，你可以用最有力的诱点和最吸引人的故事展开对话。如果你按照我在本书中所教授的方法去做，它将为你打开更多的机会之门。这个过程很有效！不过，这需要练习，所以如果需要花时间才能做到，不要感到沮丧。有时候我会花几个月的时间，在真正开展之前，去完善一个吸引人的点子和故事。

百万美元和三个失败教训

一旦你成为吸引关注的高手，就会得到过多的机会，甚至超出你的掌控能力。你会很兴奋，想要答应所有的事情，但是不要犯这样的错误。我曾遇到过这样的情况：我所接受的项目实际上并不是最适合我的。在刚开始创业时，我的强大诱点和故事让我获得了生意，即使我可能不是这份工作的最佳人选。这是一个问题，因为当你获得大项目和客户时，你必须交付。

在我职业生涯的早期，我为那些最终没有成功的公司筹集了数百万美元。我有一个很棒的诱点，能讲引人入胜的故事，也找到了投资者，但最终失败了。失败的原因有很多，但一个主要的原因是，我的核心专业知识和技能并不是以首席执行官或首席运营官的身份经营一家公司。随着时间的推移，我意识到我在为公司提供战略、思路、创新和愿景方面是世界级的，而不是在日常运营方面。

本书中的内容可以帮助你完成大交易，促进销售业绩的显著增长，创造更有效的内容，但你必须知道能够让你成功的真正优势是什么。真诚是一切的黏合剂。尽管优秀的诱点和故事能够吸引人们走近和关注，但如果你的故事听起来不真实，并且你不能够如期交付，你的品牌或公司就会惨遭失败。

看看纪录片《滴血成金：硅谷血检大骗局》（*the Inventor: Out for Blood in Silicon Valley*）揭露的丑闻。伊丽莎白·霍姆斯（Elizabeth Holmes）创立了现已停业的血液检测公司Theranos，这使她成为世界上最年轻的白手起家的亿万富翁，但她没能保持她的成功，因为她的产品是假的。她的诱点使她在寻找投资者和销售方面非常出色——我的意思是，谁不愿意相信我们可以通过一滴血进行多次测试来降低血液测试的成本和难度呢？如果这是真的，那真是太棒了……不幸的是，霍姆斯更擅长讲故事，而不是创造产品。

同样的道理也适用于Fyre豪华音乐节背后的人们。这场"奢华"音乐盛会背后的市场营销令人惊叹。但Fyre媒体公司的首席执行官比利·麦克法兰（Billy Mcfarland）没能让它成功举办。虽然许多人认为麦克法兰是个骗子，但我觉得他的团队实际上想为人们创造出与宣传视频一致的音乐节活动，只是他们从来没有想过，组织一个如此大型的活动是多么困难。

设定清晰的期望

你可以通过对自己诚实来避免上面描述的情况。如果你这样做了，你就会对你所有的客户诚实。当我与凯蒂·库里克和雅虎的制作人合作时，一直在探讨优化的必要性。我给库里克的期望是，我们会不断测试大量的采访。我很早就告诫说："不要过度在意任何一次采访。如果采访不成功也没关系。我们会从中学到一些东西并不断调整，直到我们的采访能实现病毒营销[1]。"

我预先设定了这个期望，因为这是最现实的情况。通过提前

---

[1] 病毒营销是指利用公众的积极性和人际网络，让营销信息像病毒一样传播和扩散。病毒营销是一种常见的网络营销方法。——编者注

和库里克交谈，我们保持了一致。从一开始，我们就认识到失败将是这个过程不可避免的一部分。

当你无法交付时该怎么办

在网飞的纪录片《地表最烂：FYRE豪华音乐节》（*Fyre*）中，你可以看到，即使在电影节失败之后，麦克法兰也没有从自己的错误中吸取教训。事实上，当他被起诉的时候，他创造了另一个骗局，出售他无权得到的演唱会后台通行证。当然，我们都会犯错误，没有人总是完美的，但你应该试着从经验中学习。分析哪些行为和策略有效，哪些无效，这样你就可以发现自己的局限，成长，继续向前，让自己重整旗鼓，为下一次的成功做更好的准备。

如果，你发现自己处于无法交付的处境，不管出于什么原因，敞开心扉，把这一事实告诉客户。最糟糕的选择就是躲起来。拿起电话，向客户解释你为什么会延误或失败，尽管这种对话可能很困难，但它比简单地忽视事情没有按计划进行这一事实要有效得多。大多数人都很欣赏和尊重沟通。当事情进展不顺利时，如果你试图掩盖问题，回避沟通，你很可能会失去客户。如果这种情况发生几次，你的名声就会变差。相反，你应该诚实地面对正在发生的情况，告诉客户你在如何努力打破困局，即便有可能丢掉这个客户。毫无疑问，从长远来看，诚实会带来更好的结果。

拒绝的力量

当我决定与某人合作，可能是因为我看到了一个有趣的、令人兴奋的机会。我并不会在开会的时候想，"哦，这是我职业生涯的转折点，这是一个重要的会议，我要赚很多钱"，等等。相反，我开始思考，并且对此感到兴奋。我想和大家分享这个信息。我觉得这个诱点和故事会给合作方带来价值。如果没有这种感觉，我就会拒绝这个会议或项目。

"我相信"对于成功是至关重要的。如果你对自己正在做的事情不是发自内心地感到兴奋，它就会在你不经意间表现出来，这就是为什么我从不创造任何让我不感到兴奋的诱点或故事。我能很快和房间里引人瞩目的人建立信任和信誉，因为他们可以看到我对他们项目的真诚。再说一遍，如果我不相信，我就不做。

对你不相信有助于打造自己品牌的项目说"不"。有一次我和世界上最顶尖的街头艺术家之一赫什（Hush）共进晚餐。赫什告诉我，他每年只创作精雕细琢的高端作品，因此他能够以数万美元的价格出售他的作品。当我问他如何为他的作品创造需求时，他说"通过行使'拒绝'的力量"。通常情况下，他会接到一些组织或个人的邀约，但如果他并不是真正热爱这个项目，他就会拒绝。他发现作品的排他性带来了更多的需求。

所以不要接受每个机会，只做那些真正打动你的工作。这样做可以增加你的价值。

追求成功的"失败"

要想在销售上取得成功，你需要建立充分信任的关系。你的客户，或者潜在的合作伙伴，必须相信你会履行你的承诺，否则他们是不会和你做生意的。你应该建立一段良好的关系，即使人们不选择与你一起工作或从你这里购买产品。你永远不知道什么时候潜在的消费者会改变他们的想法，或者什么时候一个新的机会会出现，让你们一起工作。

有一次，我的一位同事在会见一位重要客户时表现很差，因为他没有做足功课，未能充分了解这家公司的需求。他提出了一项该公司并不需要的服务，并很快意识到会见进行得并不顺利。之后，他承担了责任，并向安排会见的人道歉，而那个人恰巧当时也在房间里。我的同事很谦卑地承认他把事情搞砸了。在这一刻承担责任是他能做出的最好选择，这帮助他在安排会见的人面前维护了自己的信誉。

当你年轻的时候，你希望能够快速实现成功。但有了经验后，你就会意识到你今天偶然间的一次交谈可能会把你引向错误的方向。因此请不要急躁，急躁会毁掉未来的机会——永远要做长远的打算。

此外，当你想完成一笔大交易时，你必须对你所销售的产品或服务充满热情，并具有足够的知识储备。全面了解它们，这样你就可以自信地回答问题，解决你的目标客户的痛点，消除他们对你的业务有效性的怀疑或担忧。

然而，在你不知道问题答案的情况下，不要编造细节来补充。最好承认你不知道，并告诉客户当你确认过后会再联系他们。记住，真诚能让你建立信任和信誉。

如何在会谈中建立真正的信任

在《如何让人们喜欢你：联邦调查局行为专家的7种方法》（*How to Get People to Like You：7 Ways From an FBI Behavior Expert*）（顺便说一下，这是文章题目的有力诱点）这篇文章中，埃里克·巴克（Eric Barker）解释了如何建立融洽关系和建立信任。他采访了联邦调查局行为分析项目负责人罗宾·K.德瑞克（Robin K. Dreeke），德瑞克研究人际关系超过27年。他的第一条建议是"不加评判地获取别人的想法和意见"。你不必同意他们的观点，但你需要通过花时间去理解他们的梦想、愿望和需求来认可他们。

以下是德瑞克关于建立信任和信誉的7个方法的列表：

（1）无偏见地验证，不加评判地获取别人的意见和想法。

（2）关注他人。

（3）全神贯注地倾听，提出问题并真正听到答案。

（4）询问对方所面临的挑战。

（5）在对话开始时就设定时间限制。这能让陌生人放松。

（6）微笑，手掌张开，直视对方。

（7）如果你觉得自己无法掌控局面，那就明确你的目标。

不要咄咄逼人。简单地要求对方诚实地说出他们想要什么。

一些可以帮助你建立信任和信誉的额外资源包括戴尔·卡耐基（Dale Carnegie）的《人性的弱点》（*How to Win Friends and Influence People*）和马歇尔·卢森堡（Marshall Rosenberg）的《非暴力沟通》（*Nonviolent Communication：A Language of Life*）。这两本书都会教你如何有效地与他人沟通，以及如何更好地理解他们的需求，这样你就可以更好地建立信任和信誉。

真诚地创建内容：这到底意味着什么

真诚能够帮助你与观众建立信任，是在数字平台上取得成功的重要前提。数字内容策略师纳文·戈达认为，大多数人都已熟知广告商的伎俩和做法，这就是许多品牌难以在社交媒体上获得有意义的参与的原因。各品牌厂家应该考虑观众的需求，而不是考虑自己是谁，想说什么。

喜剧演员乔·罗根（Joe Rogan）在短视频领域取得了巨大的成功。人们愿意连续数小时收看他的频道，因为他提供了高质量的内容，在质量标准上毫不妥协。戈达相信，虽然可能需要更长的时间，但花时间来建立一个强大和值得信赖的品牌是有意义的——最终，它会帮助你获得更长的观看时间。

当你不断地创造有意义、高质量的内容时，你就有更好的机会真正与你的观众建立联系，并在我们这个注意力碎片化的世界里赢得信任。观众会花更多的时间观看你的内容，这样他们就能获得内容所提供的价值。然而，如果你只是为了获取流量或保证发布频率而发布视频，那么内容质量就会受到影响，你就会失去观众（和算法）的信任。如果你连续发布了一些不好的视频，那么你发布的下一个视频就不会有多高的关注度（不管它有多好）。为了避免这种情况，戈达通常会比其他内容创作者多花费两到三倍的时间用于研究、构思和执行上。他这么做是因为他知道这样做可以使视频的表现好10倍到100倍。

发布内容就像外出工作，仅仅到岗是不够的。相反，你需要努力工作，完成分配的任务，有效沟通，以保持客户或老板的信任。如果你懈怠了，或者没能很好地完成工作，信任就会减弱。戈达补充道，对于每一段视频或数字内容，你的目标不仅是把活干好，还要让人们大吃一惊。

产品不受欢迎的真相

当观众看到快速切换、效果华丽、深度打磨的新内容时，他们会默认自己在观看广告。戈达解释道，制作的视频应该尽可能地给观众营造真实感。社交平台上的成功并不取决于产品价值有多高，而是取决于你讲述的故事真诚且引人入胜。对大多数人来说，这是一个非常棒的消息。你只需要用智能手机拍摄一段视频，就可以在几乎没有投入任何成本的情况下触达数百万人。

● ● ● 本章回顾 ● ● ●

1. 真诚有助于诱点令人印象深刻，没有真诚，你的诱点就会平平无奇。

2. 让你的"为什么"（目的、使命或信念）成为你与消费者建立信任的指南。

3. "人们对你做什么不感兴趣，只在意你相信什么。"

——欧内斯特·卢皮纳奇

④ 如果你的诱点不能支撑你的内在基础，它们就会适得其反。

⑤ 利用诱点在新业务中迅速建立信誉。

⑥ 通过设定清晰的期望，明确你能做到什么，不能做到什么，对你自己和你的客户都要诚实。

⑦ 只做那些真正打动你的工作。有时候说"不"可以创造更多的需求。

⑧ 建立充满信任的关系对取得销售业绩上的成功很重要。

⑨ 不要急躁，这会破坏未来的机会——永远要做长远的打算，因为重要的机会迟早会到来。

⑩ 倾听客户的心声，这样你才能真正了解他们的需求。

⑪ 当你持续地创造有意义、高质量的内容时，你就更有可能赢得观众的信任且延长他们观看视频的时间。

⑫ 产品价值高并不能决定社交平台上的成功，成功来自讲述真诚而引人入胜的故事。

第6章

学会倾听，边听边学

商人和投资家马克·库班（Mark Cuban）是NBA达拉斯独行侠队的老板，也是美国广播公司的"鲨鱼坦克"节目的主要投资者之一。他大学刚毕业时，在一家名叫"开关2000"（Tronics 2000）的公司工作，在那里，一位名叫拉里·梅诺（Larry Menaw）的人给了他一些他收到过的最好的建议。梅诺注意到，库班精力旺盛，总是忙个不停。一天，在一次会议开始前，梅诺给了库班一些具体的指导："马克，我希望你为我做件事。无论何时，只要我们坐下来开会，我希望你都能拿出纸和笔，在右上角写下'听'字。"直到今天，库班仍在遵照这个建议：每次会议前写下"听"字，提醒自己安静下来，认真听其他参会者的话。

倾听中的"金矿"

在我们这个"3秒的世界"里，倾听至关重要。数量惊人的信息扑面而来，很容易让人分心，但保持专注，尤其是在客户或合作伙伴讲话时保持注意力集中，会帮你发现最佳的诱点。当你认真倾听潜在客户的声音时，更有可能发现他们的痛点并了解你的哪些技能、产品和服务可以满足他们的需要。

花时间用心倾听可以为你提供一座信息的"金矿"，帮助你成为更有价值的人。如果你问了正确的问题，那么在选择如何呈现你的产品和服务时，你将会处于一个有利的位置。在会议中，你将能够更加快速地确定诱点和故事，为潜在客户提供帮助。

睡眠医生迈克尔·布劳斯透露，他的有些诱点确实是通过倾听发现的。一直以来，患者和听他演讲的观众向他问了许多问题，正是这些问题帮他发现他们最常见的痛点，进而围绕这些痛点创建诱点和故事。倾听使他可以更好地组织信息，向人们展示他能够为这些有睡眠障碍的患者提供解决方案。

傻瓜系列丛书的诱点

之前我提到过约翰·基尔库伦，他是非常成功的傻瓜系列丛书的策划者。他认为业务成功的关键是倾听潜在客户的声音，这正是基尔库伦去读每一张傻瓜系列丛书的反馈卡的原因。当他的团队出版《傻瓜加速》（*Quicken for Dummies*）这本书时，许多读者有一个共同的反馈——他们想要一本可以教他们如何管理自己金钱的书。收到这条反馈，对这个品牌而言是一个决定性时刻。它帮基尔库伦及其团队意识到，他们可以将业务领域扩展到信息技术行业之外的更广阔领域。

通过倾听客户的需求，基尔库伦的团队将他们的系列丛书从信息技术扩展成为一个涵盖数千主题的品牌。如果基尔库伦没有倾听客户的反馈意见，傻瓜系列丛书也不会成为涵盖约2500个主题、印刷量超过2亿册的知名品牌。

卢皮纳奇认为，通过倾听客户的意见可以成功地实现品牌延伸，《生活》杂志（*Life magazine*）创作内容的演变证明了这一点。《生活》杂志中最受欢迎的部分是"人物"（People），因此，莫瑞迪斯公司（Meredith Corporation）创立了《人物》杂志（*People magazine*）。《人物》杂志中最受欢迎的是"造型"部分，因此他们又创立了《造型》杂志（*In Style magazine*）。此后，他们注意到《造型》杂志中最受欢迎的部分是"婚礼"，因此《造型：婚礼》杂志（*In Style Weddings*）诞生了。最后，《造型：婚礼》杂志中最受欢迎的是"名人"部分，于是又有了《造型：名人婚礼》杂志（*In Style：Celebrity Weddings*）。

征求客户的反馈意见，认真对待。你可能永远无法想象，什么时间什么人会给你提供一个数百万美元的想法。但是，只有在提出正确的问题时倾听他人的声音，你才会听到有关好想法的信息。

更敏锐地抓住客户痛点

我所说的倾听，指的是积极倾听，需要你在字里行间读取到有效信息并且真正理解你面前的人在说什么。倾听使你专注于当下，准确地读懂他人的诉求。在这一过程中收集到的信息，可以

帮助你更好地交付产品和服务。你要明白，即使你正在与同一家
公司的三个人交谈，或许一个是首席执行官，一个是副总裁，一
个是中层经理，你也需要根据不同的人调整你的诱点和故事，以
解决他们各方有着细微差别的痛点。

正如我前面提到的，在与泰勒·斯威夫特见面之前，我经
历了一系列的会见才获取与她合作的机会。我与音乐电视网有授
权协议，正是通过这种联系，我才得以见到她。那时我不知道泰
勒·斯威夫特是谁（因为当时她还没有成为超级巨星），尽管这
在现在看来有点滑稽。但幸运的是，在我职业生涯的早期，我珍
惜并积极争取与任何人会面的机会。

第一次会面是和泰勒·斯威夫特的唱片公司，我分别与她
的父亲、母亲，以及斯威夫特本人会面，与他们每个人会面并倾
听最终帮我达成了这笔交易。在每一次的互动交流中，我对泰
勒·斯威夫特及其团队的价值观有了了解，这让我得以突出我故
事中的不同方面，来满足各方人士需求，推动合作进程。

这个过程给了我很多时间去提问，并开始真正了解泰勒·斯
威夫特想要什么。根据这些信息，我专门针对她的需求制作最引
人注目的诱点和故事。我了解到，泰勒·斯威夫特通过与粉丝建
立联系来打造自己的品牌，通过回应评论、亲笔签名和与粉丝合
影，持续不断地与他们沟通。她通过聚友网开始现身互联网并吸
引新的粉丝。她喜欢聚友网，因为它可以用嵌入式代码控制自己

页面的设计。

对她来说，现在是时候扩展到聚友网之外了。泰勒·斯威夫特花了一大笔钱，在一位开发人员的帮助下，用两天时间更新了自己的全动画网站，她不喜欢自己无法控制网站的感觉。通过从泰勒·斯威夫特和她的家人处收到的反馈，我的团队在不到六小时的时间里为她创建了一个全新的网站。

在和她面对面交流中，我讲的故事是："泰勒·斯威夫特，我知道你喜欢与粉丝互动并控制自己的品牌设计。我们理解你关于网站的痛点是自己无法更改任何内容，因此我们为像你这样的人创建了这个系统。你可以登录进去自行更改你网站的任何元素，而无须编写代码。"在交流中，我还向她展示了我们如何启动新页面，在不到两秒的时间里更改整个网站的导航系统、照片和背景，来匹配她的最新专辑。我还把鼠标给她，让她本人当场就可以随意移动系统组件，修改网站设计。

在与泰勒·斯威夫特的唱片公司以及她的父亲、母亲会面时，针对他们各自的需求、问题和疑虑，我讲的故事略有不同。我向唱片公司和泰勒·斯威夫特的父亲强调了故事的商业方面；而对泰勒·斯威夫特的母亲，则是让她信任我的团队并感到放心。为了给她团队中的每一个人提供价值，我不得不倾听他们每个人的需求。而如果当时我只是简单地直接向斯威夫特推销自己的想法，那么我提出的想法可能就无法彻底满足她的需求。

后者是大多数人的工作方式——他们参加会议，说很多话，做演示，并推销他们想售卖的任何东西。在数字领域，也会发生这种情况，人们通常只会专注于自己想说的，而不是听众想听的。当我走进房间时，大多数时候我甚至都不带演示稿。我几乎不再用演示或幻灯片，因为使用它们将你置于一种尴尬境地，即无法根据当下得到的反馈及时修改你所要传递的信息。

想象你正在参加一个会议，你发现和你交谈的那个人对情况的认知与你所预期的不同。或者，此人的看法与他公司中的其他人不同（为了获得这份工作或销售产品，最终你也不得不说服他）。你可以与首席执行官见面，他说道："是的，我们喜欢这个方案，但你必须与营销副总裁会面，因为是他负责对这项具体服务做决定。"如果发生这种情况，你不能用与首席执行官完全相同的谈话要点去见营销副总裁——营销副总裁可能对解决方案、痛点和需求有着不同的认识——角色和职责的不同，会改变他对需求以及价值的认知。你需要先把首席执行官的话埋藏在心里，去问营销副总裁一些问题，了解他认为什么是重要的，然后制作你的故事，帮他更好地看到你的价值。

如何在淘金热中取胜：提出正确问题的艺术

即使你已经与公司里的其他人会过面，也不要做出任何假设，或是带着先入为主的想法或者推销的意图参加会面。退后一步，提出问题，并真正地倾听这些人说的话。花些时间去了解坐在桌子另一边的那些人，以及他们是如何看待自己的问题的，观察他们的肢体语言、情绪和回应。所有这些"信号"都决定了你如何整合信息以便更好地与潜在客户、合作伙伴和雇主们建立联系。用他们的回应和反馈来制作你的故事，不要去猜测或假设你知道他们想要什么。

我不断练习把故事讲给不同的人，这样我才能真正地把故事讲好。然后，一旦开始会谈，我就让别人来告诉我应该如何更改我的诱点或故事。我通过建立诱点为会面做准备，比如我提出"从零开始在30天内拥有百万粉丝"这个概念，然后与那些我信任的商业伙伴一起优化这个诱点背后的故事。

我进行这种练习不仅是为了在讲述我的诱点和故事时能做得更好，还可以通过反馈检验它们是否有效。如果你这样做，当你走进会议室时，你的诱点和故事已经练习过好多次，那么你可以只是坐下来听他们说，并根据对方的反应来改变你的故事。

带着经过练习的、流畅的诱点和故事进入会议室，尽可能熟悉所有的信息，以便你可以随时更改讲述它的方式。要有足够的信心，把它用不同的顺序讲出来，省去某些部分或增加一些信息进来，这样，你就能最大限度地满足潜在客户的需求。同时，注意他们问你的任何问题，借此了解他们认为什么是有价值的。

我的父亲吉姆·凯恩（Jim Kane）是芝加哥一家律师事务所（在美国各处设有办事处）的前合伙人，他非常认可调研并了解潜在客户及其需求至关重要这一观点。在会面之前，他公司的市场营销部门将会对潜在客户的业务进行调研，以了解哪位律师在该领域最专业。然后，带着尽可能多的准备进入到会面当中，让会面顺畅自然。

除了解决潜在客户的专业领域问题之外，我父亲还说："一个真正好的律师能做的最重要的事情就是倾听客户对你的演示报告的反馈。" 在他多年的实践中，他认为那些能够倾听并随时调整以满足潜在客户需要的律师才是最好的律师。

你可以做出世界上最好的演示报告，但如果你提供的方案不能满足客户的需要，那么它将无法保证你获得新业务。你需要非常认真地倾听，并做好改变方法的准备。我父亲补充说，潜在客户通常只有在被问到正确的问题时，才知道他们需要什么。

每天一问，远离痛苦

下面是参加会面时你可以问的一些一般性问题。你需要根据所在行业和潜在客户的需求，将它们更加具体化，但这些一般性问题会为你提供一些思路：

（1）你最重要的目标是什么？

（2）在尝试实现这些目标时，你遇到了哪些障碍？

（3）对你的公司来说，最令人沮丧的痛点是什么？

（4）在你特定的位置上，正在经历的最大痛点是什么？

这些是很概括性的问题，但问题的答案可以帮助你了解潜在客户及其业务的信息——你会发现他们最重要的障碍和目标。

我可能会遇到迫切地努力降低获客成本的客户。他们在社交媒体广告上投入的资金还没有得到回报，因此他们的执行团队不能理解付费媒体的价值。了解了这些信息，我会找到他们，说："如果我帮你做一个降低获客成本的测试，这会对你向高层领导讲述一个令人信服的故事有帮助吗？这可能会帮助你得到更多预算来更有效地开展工作吗？"

就实质上来说，你将他们给你的信息作为输入，再通过问"如果我能够解决你的问题，这会对……有所帮助吗？"作为回应，人们很难拒绝想要帮助他们解决难题的人。但是，只有通过提出正确的问题并倾听对方的需求，你才能为潜在客户找到解决方案。如果你不倾听客户需求，只靠猜测，那么你只能在没有真正了解客户如何看待自身处境的情况下抛出解决方案（对于获得新客户而言，这不是一个好策略）。

案例　大卫·格芬的沉默

一位朋友告诉我，美国商业巨头、制片人和电影工作室主管大卫·格芬（David Geffen）通常是屋子里最安静的那个人。他话不多，但当他有话要说时，每个人都会停下来听。

在遇到过的一些令人印象深刻的和有影响力的人中，我注意到这样的倾向：他们没有表达的需求，除非有重要的事情要说，并且他们常常是先花些时间把事情想清楚了才说。我清楚地记得，第一次与湖岸娱乐的创始人兼董事长汤姆·罗森伯格会面之前，我父亲知道罗森伯格是一个聪明人，他提醒我罗森伯格有个独特的沟通风格："在你和罗森伯格会面时，他可能会有一些很长的停顿——因为他在思考接下来要说什么，或者正在消化信息。" 罗森伯格属于那种必要时会畅所欲言的人，但很多时候他的沉默让人有点不安，你不知道自己是不是应该说些什么来打破这沉默。但很快我了解到，这只是他倾听和处理信息的方式。

在会面中"练习探戈"

《纽约时报》畅销书《别独自用餐》和《谁得到了你的支持》（*Who's Got Your Back*）的作者，法拉奇绿讯营销咨询公司（Ferrazzi Greenlight）创始人兼首席执行官基思·法拉奇说，倾听很有帮助，因为任何时候，如果你想使自己处于最佳的状态，你都需要尽可能多地关心、了解会议中的其他人。他认为，让别人感觉到你是真的想让他们的生活有所不同，这点很重要。

法拉奇分享了一个工具——人脉行动计划，帮助你与他人建立更深入的联系，这是一种想象练习。想象一个你将在五年后会见的人，想象此时他是你生命中最重要的人之一。如果你花时间去弄明白所有可以帮助他成功的方法，那么你将带着灿烂的笑容走进房间，如法拉奇所言："你将创造出一定程度的亲密感、联系、期望和可能性，一种真实的、富有成果的感觉——这个人是你'队伍'的一部分，是和你站在一边儿的。如果带着这种能量走进房间，你会赢。"法拉奇认为，应该将每次互动都视为一次共同创造，永远不要试图推销你的想法，而是像跳探戈一样参加会面。"有时你向前跳，有时你向后跳，但归根结底，这是一种互动，一种会产生转变的互动。只要你带着力量、能量和注意力，会面就会顺利进行。"

倾听异议

亿万富翁雷·达里奥（Ray Dalio）管理着1500亿美元的全球投资，同时经营着桥水联合公司（Bridgewater Associates）。他分享说，帮助他致富、成功的策略之一就是倾听与他意见不同的聪明人的意见。达里奥喜欢分别询问多位专家，并鼓励他们说出彼此意见上的分歧，这样他便可以选择更好的方案来提升自己"正确的可能性"。在同许多专家交谈之前，他不喜欢假设自己是对的。他建议找出那些"最聪明的人里最不同意你意见的"来测试你的想法，"如果他们不同意你的观点，那么这段对话将会是启发性的。这是提升自己最快的方法"。

接受力就是创造力

卢皮纳奇表示，他的一位导师汤姆·卡罗尔［Tom Carroll，李岱艾广告公司（TBWA Worldwide）的前首席执行官］告诉他，李岱艾广告公司的董事长兼全球总监李·克洛（Lee Clow）一直强调"创造力就是接受力"。考虑他人的想法并给其一次机会去尝试一些不同做法的能力，可以培养创新精神。卢皮纳奇认为倾听他人的声音很有价值，当看到观点狭隘或者常常反其道而行的人时，他会感到沮丧。比如，他可能在会议上做报告时用这样一个示例，"你知道，这件事就和你喝咖啡类似……"然后有人打断他说"我不喝咖啡"，或者当他说到"你知道，就像在比较陌生的事物中一样，当……"有人会说"我从来没有见过这个"。仅仅因为这一个人不喝咖啡、没看过网飞上观看次数最多的节目，并不代表所举的这些参考事例无效。即使没有特别地被这个事例吸引到，这个人还是可以继续听下去，并对这些细节试图说明的观点保持接受力。卢皮纳奇说，聪明的人会知道，他们不是那里唯一的消费者，他们会想，我个人不喜欢咖啡，或者没看过这个节目并不重要，我会继续听下去，直到了解对方要表达的观点。

联邦调查局谈判技巧——现在起保持安静，倾听

联邦调查局前国际人质谈判专家克里斯·沃斯（Chris Voss）提到，积极倾听在业务谈判中至关重要。以下是基础知识：

（1）倾听对方所要说的话。不要打断、反对或评价。

（2）通过说"是""嗯"和点头，做简短的确认。

（3）在不尴尬的情况下，重复对方的话，以表明你理解他们的参考框架。

（4）提出问题，表明你在关注，这有助于推进讨论。

我建议你练习一个星期的积极倾听。遵循以下步骤来做，并保留你的观察日志：

（1）下定决心，积极倾听你周围的人并观察他们。

（2）试着把90％的时间用来倾听。

（3）留心你周围有多少人真正在听，又有多少人只是在等着轮到他们讲话。

（4）练习保持中立。对待其他人的反应不要情绪化。尝试理解对方的观点（即使你对这个观点强烈反对）。

（5）提出经过深思熟虑的问题。

（6）注意人们在被提问时是如何回应的。他们会不会因为你对他们感兴趣，看起来更积极、兴奋。

如果练习积极倾听并做以上的练习，你不仅会意识到有多少人没有花时间真正地倾听，而且你会感受到自己与他人之间的联系更加紧密，这会让你大吃一惊。你只需要将注意力放在他人的身上，而不是试图解释你个人的观点，就可与他们建立强有力的联系。经常练习这种方法并在会议中保持倾听，你会有更大的可能赢得新业务。

学会像运动教练一样读懂别人的心思

彼得·帕克（Peter Park）是白金健身（Platinum Fitness）的老板，也是《反弹：重新获得力量，轻松运动，无极限生活——无论年龄》（*Rebound：Regain Strength, Move Effortlessly, Live without Limit—At Any Age*）这本书的作者。他的客户有亿万富翁、社会名流和运动员，比如自行车手兰斯·阿姆斯特朗（Lance Armstrong），六届美国职业棒球大联盟（Major League Baseball，MLB）全明星贾斯汀·维兰德（Justin Verlander）和企业家埃隆·马斯克。

帕克的职业生涯始于在圣塔芭芭拉（Santa Barbara）圣弗朗

西斯医院（St. Francis Hospital）做一名物理治疗助手的时候，作为一个害羞的年轻人，帕克对叫人起床做理疗运动这件事感到紧张。他们病情很重、痛苦不堪，因此许多患者表示不满，其中一些人还会对帕克大喊和吐口水。

这份工作逼迫帕克离开他的舒适区，与来自不同地方、有着各种不同社会背景的人们交谈，这些人以不同的方式看待世界。随着时间的流逝，帕克学会了如何读懂所有类型的人，并对肢体语言和行为有了更好的理解，这在与脆弱敏感、有压力的人打交道时尤为重要。

彼得·帕克从一个害羞、内向的人变成了可以与任何人互动的人。到他成为一名私人教练时，他的客户们如沐春风——作为初学者，他们并没有那么多的痛苦，而且通常都渴望锻炼。最重要的是，医院的工作经历使他成为一名出色的倾听者，这是他有能力获得和维持客户的一个主要因素。

利用你拥有的每一项工作经验，让自己对他人有更多的了解，你永远不知道这些经验会把你带往何方。无论在哪，倾听和观察都会使你获得成功。

压力很大时试试冥想

我与天狼星公司有过一次糟糕透顶的会面，该公司希望我能够帮他们把流量引到他们的一个新平台上。最初，我与他们一位高层主管进行了一次很棒的交谈，因此他们安排我接下来与一位新平台的开发人员会见。

　　不幸的是，这位开发人员并不想听我讲述增加社交媒体曝光以及通过广告如何把流量引向新网站的方法。他没有看到我提供的信息的价值，也不想对此进行投资。我一直尝试解释社交媒体如何工作，如何吸引流量以及如何提供价值，但他一直打断我，不愿意听。

　　最终，我起身说："好吧，我帮不了你，我不知道你想要我做什么。"然后沮丧地离开了房间。当时的决定让我丢掉了这笔生意，这很令人失望。尽管我不认为我们能够顺利合作，但我本来应该更好地处理当时的情况，我应该深吸一口气，更加努力地理解开发人员的看法。我本来可以反应得不那么过激，并对我们的会面心怀感激，而不只是那样走出去。

　　回顾过去，我意识到，事情发生的时候我压力很大——那时，我的生活还不像现在这样健康。当感到压力、疲惫时，我不能像状态好时那样理性思考或处理好各种情况，这是我练习冥想的原因之一。它是一种让我保持平静并使我成为一个更好的倾听者的方法。冥想减缓思维速度、提升觉知能力，而这些对于访谈、会议、发表演讲等都是非常有益的。如果你定期练习冥想，即使一天只有十分钟，你将有更大的可能专注于当下。此外，无论面对何种情况，你都能更好地吸收最重要的信息并保持冷静。

基思·法拉奇同意这个观点。有一次，他与福克斯广播公司（Fox broadcasting company）和美国广播公司（USA broadcasting）的创立者、互动传媒公司（InterActiveCorp）和艾派迪集团（Expedia Group）董事长兼高级主管的班瑞·迪勒（Barry Diller）会面时，和迪勒一起在电梯里，法拉奇紧张到眼冒金星，他非常害怕来见这位媒体偶像。为了让自己平静下来，基思·法拉奇下了电梯，到一个电话亭里静坐，直至不再眼冒金星为止。然后，他才进来与迪勒完成了这次富有成果的会面。

如果你发现自己在大型会议或大型活动前感到压力和焦虑，你可以尝试一个叫作催眠排练（Hypnotic Rehearsal）的自我催眠音频［史蒂芬·古吉维奇（Steven Gurgevich）创作］。古吉维奇创作了很多自我催眠的录音，时长从15分钟到20分钟不等，涵盖各种主题。从本质上来讲，这些是引导性冥想，冥想过程中你可以进行会议预演并想象你在那个空间里感到舒适。自我催眠音频引导你的潜意识，使你相信自己处在一个舒适的境地。

以最佳状态工作有助于倾听，如果你因为焦虑或者晚上没睡好感到疲倦而分心，那么你将无法展现你的全部价值。照顾好你自己，才能照顾好你的客户（最终，这是照顾好自己的另一种形式）。

不是追随者——而是活生生的人

将你的想法从"我在这里销售或推广我的产品和服务"转变为"我在这里传递价值"。如果在创作内容时你没有考虑受众的愿望和需求，你不会成功。你必须知道他们是谁，他们想要什么以及如何为他们提供价值。

纳文·戈达提到，你的目标不仅是要了解受众的细分或专题需求，还要了解受众在内容行为方面的需求。比如，如果有一个人因为相信健康的生活方式而真的喜欢无糖咖啡，那么当你创作内容去触及这一类的人时——你不仅要知道他们喝咖啡的偏好，还要了解这类人在其他生活方式上所做的选择——更重要的是，他期望这种细分品类的交流出现在她的社交资讯中。举例来说，如果她是对健康生活方式感兴趣的一般用户，她可能看过脸书的美食（Goodful）频道。Goodful的视频为空闲时间少的人们提供很棒的想法——很快切入要点并持续提供价值。用户获得全面的体验后，很可能会渴望这种类型的内容。

做调研至关重要，通过了解你的预期受众当前正在观看的内容，可以观察到很多现象并做出科学推论。戈达认为，忽略那些线索是内容创造者失败的主要原因之一，他们没有花时间进行科学推论，而是试图将自己的风格强加到内容里，或者完全忽略整个内容生态系统。

尽量不要犯这个错误。如果你注重调研，社交媒体能帮助你成功——它可以让你在短时间内接触到大量的人和数据。你可以仔细审查你的视频（和其他人的视频）的分析数据，来帮你更好地了解受众的口味。通过进行竞争分析，对于那些内容创作者（他们已经接触到了你想要接触的人），你要找出他们表现出色的原因。分析被分享了1万次的视频和仅被分享了100次的视频的差别，通过这些研究，你将得到大量有用的信息，更好地了解受众感兴趣的主题、他们的需求、倾向的内容风格和他们的痛点。

在脸书、"照片墙"、"油管"或Tubular（一家在线视频分析公司）上做调研，输入与你的品牌有关的关键字，搜索那些观看次数最多的视频。深入研究那些与观众产生了共鸣的视频，而不是纯粹因为广告费用高表现好的视频。这一点可以通过查看视频所获得的分享次数和观看次数来弄清楚——通常，对于一个有着数百万观看次数的视频，1%是一个强大的观看分享率。

你也可以用谷歌趋势（Google Trends），红迪网和谷歌新闻（Google News）来研究人们正在搜索的和感兴趣的话题和内容风格。了解这些话题和风格后，看看你是否可以制作诱点和故事，将趋势与你的产品或服务联系起来。而且，如果你花些时间去做这样的调研，会比那些从零开始寻找内容创作想法的人领先很多。

当凯蒂·库里克采访像哈立德这样的名人时，我们会上谷歌趋势以及脸书和"照片墙"查看哪些有关他的内容比较流行。这些搜索使我们能够看到其他人如何定位与哈立德相关的标题和内容，这为我们提供了线索——哪些标题和内容有效、哪些无效，让我们得以想出更强大的诱点。我们仔细查看了分享速度最快的社交媒体帖子，去获得哈立德受众感兴趣的信息，这项研究为我们节省了大量的时间。

可以激发故事创作灵感的热门话题不一定非要与你的品牌直接相关，你可以将它们与你的产品或服务联系起来——即使它们看似无关，但你要聪明地使它们联系起来。

这里举一个基于热门流行话题而不是这个品牌本身来创作内容的成功案例，分享力公司针对必胜客和百事可乐设计的叫作"自拍杆的危险性"（The Dangers of Selfie Sticks）的视频广告活动。该视频以幽默的公益广告的形式，宣传使用自拍杆的危险。布朗斯坦团队的想法来自自拍杆因为刚被迪士尼乐园禁用而成为一个热门话题。必胜客正在准备推出一个两英尺（1英尺=0.3048米）长的比萨，因此他们想到一个概念，那就是你需要一个非常长的自拍杆，才能和这个新的巨无霸比萨合影。通过有趣的方式建立联系，创造出一种诙谐的自拍模仿效果，这个视频在"油管"上疯狂传播，发布当月即成为世界上被分享次数最多的广告，这要部分归因于"自拍杆"在当时是一个热门话题。

数字内容战略家纳文·戈达提到，你对沟通设计研究得越多，产出优秀内容越多，你创作相关内容的能力就越强。但你仍然需要听取你所在领域里其他内容创作者的意见，并且成为触达你受众的那些内容类型的观看者。

● ● ● 本章回顾 ● ● ●

① 倾听可以帮助你发现诱点、故事和产品，为潜在客户最常见的问题提供解决方案。

② 多问问题，弄清楚你潜在客户真正的需求。不要猜测，不要以为你知道他们想要什么。

③ 不要推销。灵活地呈现你的故事、产品和服务。

④ 与可信赖的业务伙伴练习你的诱点和故事，并观察他们的反应。

⑤ 倾听和考虑他人想法的能力可以增强你的创造力。

⑥ 认识到积极倾听可以帮你赢得新业务。

⑦ 牢记以你的受众的愿望和需求来创作内容，将你的思维方式从"我在这里销售或推广我的产品和服务"转变为"我在这里用我的产品或服务传递价值"。

⑧ 使用谷歌新闻、谷歌趋势、红迪网、"油管"、"照片墙"、Tubular和脸书，研究人们正在搜索和感兴趣的

话题与内容风格。

9 经常对流行的社交媒体内容形式和概念做竞品分析，以
节省时间、创作出更好的内容。

第7章

倾尽所有:

如何快速提升用户对品牌的需求

价值是每一个成功业务的核心。如果一个产品或服务不提供价值，那它就不应该存在，这就是为什么展示价值是描述诱点和讲故事过程中必不可少的一部分。如果你能合理地突出和包装一条信息，你就能吸引注意力，有更多的面试机会，在会议上表现得像个摇滚明星一样备受瞩目。你也将有更多的机会创造更有效的内容来触达更多用户，并增加陌生推销邮件获得回应的可能性。

打破桎梏，驱动需求

无论你营销什么，其中都应该包含价值。此外，与你的产品或服务有关的创造性的理念，通常可以帮助你拉大与竞争对手的差异。这些独特的优势并不总是你的产品发挥作用所必需的，但它们会帮助你脱颖而出，提供一些独特的东西，并可以成为推动大规模品牌增长的诱点之一。让我们看一下类似事例的价值，它也被用作有效的诱点。

案例 白金健身中心的直升机停机坪

目前，我正在与私人教练兼白金健身中心老板彼得·帕克工作，如前所述，他的客户包括兰斯·阿姆斯特朗和埃隆·马斯克等名人。虽然他经常利用与明星和运动员合作作为他的诱点，但也不断地测试新的方法来吸引人们的注意力。

通过社交渠道帕克突出显示了洛杉矶健身房建筑顶部上的直升机停机坪。帕克可以直接进入直升机停机坪，也可以在他的培训会议和课程中使用它。这是他业务中一个独特的元素，因为世界上很少有健身房配有你可以使用的直升机停机坪。我们以整个洛杉矶城市为美丽的背景，拍摄人们在直升机停机坪上锻炼的视频和照片，并战略性地把它们发布在脸书和"照片墙"上。在这个自拍和社交媒体时代，我们认为这个诱点将会提高人们对帕克新健身房的关注度。我们相信，人们会对有机会在整个洛杉矶城市的美丽背景下拍摄自己在直升机停机坪上锻炼的视频感到兴奋——有能力拍摄这些照片就是诱点。然后，一旦人们在那里，帕克和他的教练将向他们展示真正的魔法，即为什么他们是世界上最好的教练。这将导致一些人转为私人客户。此外，参加课程的人将会使用他们在直升机停机坪上捕获的内容作为自己个人社交频道的诱点（向关注者展示经历），这也将成为帕克健身房最有价值的广告形式——口碑代言。

> **整体思考**
>
> 在白金健身房的例子中，这个品牌想出了如何将原始诱点与为目标受众提供特定价值的东西结合起来。你应该如何推动自己进行整体思考来做到同样的事情，你是否有真正独特和原创的东西帮助你脱颖而出，并向你的客户讲述一个有趣的故事。

为什么我们应该扼杀电梯推销演讲

为了迅速吸引人们的注意力，你不能直接进入到内容的创作中或参与会议讨论你所关注的销售点。人们喜欢购买，但讨厌被强卖——这就是为什么你需要持续专注于提供价值。如果你不这样做，并继续专注于推销，与你沟通交流中的人会感觉到这一点，并想转移他们的注意力到其他地方。

这就是我不喜欢电梯推销演讲的原因。推销的定义是："展示或做广告，尤其是以高压的方式。"实际上，你几乎是在试图强迫别人买东西。相反，你应该使用我在本书中提供的工具来阐明你的价值主张，用诱点和讲故事来代替推销。

然而，我想说清楚的是，我当然知道你的最终目标是销售一种产品或服务——我们都在做生意以创造收入。但是，与其专注于销售你的产品或服务，不如专注于展现你的产品或服务的价值，并确定是否能解决用户特定的痛点或问题。人们能够分辨销售的语言和表达价值的语言之间有着巨大的区别。

让价值最大化

在世界上最大的技术活动网络峰会上发表演讲时，我获得了采访奥美公司负责营销、广告和公关的全球首席执行官乔恩·塞弗特（Jon Seifert）的机会。当我见到他时，我问他表现最好的采访视频访问量是多少。他回答说："是美国全国广播公司（CNBC）的200万次的访问量。"我向他保证，他与我的这次采访将再创新高，因为我会应用我和凯蒂·库里克工作时所创建的内容传播和测试过程的方法论。我没有再做一次新闻采访，他可能在那天做了几十次。我提出了一个大胆的主张，并讲述了一个具体的故事，使我在奥美公司的首席市场总监面前展现出了额外价值从而脱颖而出。此外，因为我遵守了我的承诺（采访视频产生了210万次的访问量），这使得我与一家大公司的首席执行官建立了联系。

你可以通过提供价值创造双赢的局面，这有助于你帮助其他人。通常当你真正帮助到别人时，他们会想到回报你，这就是为什么提供价值是获取和保持新业务的有效方法。

需要帮助——不需要经验

你不一定需要有大量的经验来为他人提供价值——在你职业生涯的各个阶段都是如此。当我在湖岸娱乐当助理的时候，我曾经为电影《怒火攻心》（*Crank*）做社交媒体活动。在那段时间，我遇到了演员杰森·斯坦森，他以《偷拐抢骗》《速度与激情：特别行动》《非常人贩》等电影而闻名。他看到了我正在做的工作，并问我是否愿意去他家参加社交媒体策略研讨会。这个请求从天而降，感觉像是一件非常重要的事——尤其是我并没有试图和斯坦森建立工作关系。这个机会仅仅来自我提供的价值，在这个过程中我以一种开放和诚实的方式与他交流。

即使作为一个入门级的助理，我也与一位非常成功的电影明星建立了信任和信誉。我所要做的就是看看自己如何对客户有价值，帮助客户，并做好工作。在策略研讨会之后，斯坦森意识到，在致力于维护社交账号之前，他想优先考虑一些其他项目。这是2008年的事，那时还是社交媒体的早期阶段，因此斯坦森的重点是其他地方。尽管会议没有带来更多的工作，但我提供的价值仍然让我进入了一个大多数人梦寐以求的机会之门。

如何参加35次《奥兹医生秀》

睡眠医生迈克尔·布劳斯分享道，把握媒体机遇的关键是要做一个友善的人。他父亲过去常告诉他："永远要做个友善的人。无论在什么情况下，你都要保持友善礼貌，因为每个人都有朋友。"布劳斯把这个建议贯穿在他的职业生涯中。他向自己保证，他会一直做好工作，善待他遇到的每一个人，因为你永远不知道他们最终会有怎样的发展。这个建议对迈克尔·布劳斯非常有利。他第一次出现在《奥兹医生秀》中，是因为他认识另一个栏目《医生》的制作人。那位制片人最终来到了《奥兹医生秀》，因为他已经了解布劳斯的工作，所以他信任布劳斯，并把布劳斯带到了节目中。

除了作为一个好嘉宾，布劳斯通过向任何有睡眠问题的工作人员提供咨询展现额外价值。他认为，这一额外价值也会让他不断被邀请，在媒体上抛头露面。当你亲自帮助别人时，他们就更有可能信任你。他们非常感谢你的帮助，并且希望付费购买你的产品或服务作为报答。

重要的是，当布劳斯提供这种帮助时，他不期望得到任何回报。我再重复一遍：他不期望得到任何回报。他只是提供建议，因为他的工作对他很重要，他希望人们能够享受更好的睡眠和更好的生活。他对助人的真诚渴望给他带来极好的信誉，帮助他在媒体上更多地露面。

获得顶级职位的秘诀

我的父亲吉姆·凯恩是芝加哥历史最悠久的律师事务所中在他那个时代最早被聘用的律师之一（他并没有常春藤联盟或顶级学校的法律学位）。该事务所的历史可以追溯到美国南北战争时期，在那里工作的大多数律师都毕业于常春藤联盟的法学院。客户希望在律师事务所找到最优秀、最聪明的律师，这就是毕业于哪所学校对律师职业极其重要的原因。然而，在20世纪90年代，客户不仅开始寻找从著名法学院毕业的律师，也开始寻找那些能够提供额外价值的律师——他们寻找的律师可以将他们介绍给可能成为潜在商业伙伴的个人和公司。

作为芝加哥市的前房地产总监，在进入私人法律事务所之前，我父亲拥有相当丰富的经验。在此期间，他与政界和房地产业的高层人士进行了大量接触并建立了联系。当他向这家享有盛誉的律所提出申请，并最终成为合伙人时，他把自己营销成不仅是一位有成就的律师，而且拥有人脉和工作关系，这有助于公司扩大客户群。

我父亲参与过律所新律师的招聘。许多申请者来自全国顶尖的学校，但他不建议仅仅根据某人的毕业院校来招聘，他更感兴趣的是他们的人际交往能力，以及他们如何表达对律师职业的看法，这让他对这些人如何与现有客户和潜在客户进行沟通和互动有了最好的了解。他寻找的律师需要具有非凡的人际交往能力和业务拓展能力。在面试时，他会问一些问题，这些问题有助于他了解应聘者的思维方式，以及他们在与现有和潜在客户打交道时是否灵活。最重要的是，我父亲知道应聘者拥有世界上所有的"书本智慧"，但如果他们不能有效地沟通，不能发展关系，为公司带来新客户和额外收入，那就毫无意义了。

商务是建立在关系的基础上的，而创造和维护关系的能力是必不可少的。通常情况下，你对潜在的老板或客户的吸引力不仅在于你通过实际工作提供的价值，还在于你通过人际关系或技能带来的额外价值。

所以，花点时间写下你的背景，额外的技能和经验。我相信你一定会惊喜地发现，你给谈判桌带来了如此多的附加好处。一定要在你的诱点和故事中突出这些属性。

为什么很多人找不到工作

当试图在一家公司获得新的业务或被聘用时，很多人失败是因为他们在接触潜在雇主时只考虑自己的需求。他们不会想到这样一个事实：每天都有几个人要接近管理者和决策者，希望从他们那里得到一些东西。与他们交谈的人中，只有极少数人会思考管理者或决策者想要什么。很多求职者忽略了管理者也有他们自己正试图解决的问题。

当你寻找一份工作或与潜在的新客户交谈时，请以"我怎样才能为你服务"的态度去做，而不是"请给我一份工作"。如果你专注于你能为他们做些什么，而不是他们能为你做些什么，那么你会得到更好的回报。

怎样才能胜任任何工作

获得一份好工作或得到晋升的真相与其说是证明自己有能力胜任这份工作，不如说是建立信任和稳固的关系。事实上，在安永（Ernst & Young）和德勤（Deloitte），员工推荐占到招聘人数的45%~50%；而对于那些进入面试阶段的人来说，被推荐的面试者被录用的概率比其他面试者高出40%。

这是因为雇主们想要选择可以成为他们朋友的人。很多招聘都是取决于态度，而不是天赋。人们与同事的相处时间比与他们家人和朋友相处时间还长。你可以很聪明，但你也需要在工作中很好相处。

与别人建立信任的秘诀不是他们能为你做什么，而是你能满足他们的何种需求，所以想想你想去工作的地方的人们的需求。一些常见需求包括：

- 强烈的职业道德

- 可信赖性

- 能与周围人和谐相处

- 拥有创造性的思维

- 有演讲能力

- 易于交谈

- 关心和关注同事们

- 拥有专业知识（例如：技术、社交网络、会计等）

试着想想如何满足那些你想共事的人的需求。如果你认为你没有什么可以提供的，那你就错了，每个人都有可以提供的技能。技能多种多样，包括一些看似简单的能力，如倾听和分享对共同利益的热情。找出你擅长什么，并以此为起点建立牢固的关系。

满足需求的练习

花十分钟的时间来写出你所擅长的所有事情的清单。这应包括商业技能和个人技能：

- 商业技能：写作、公共演讲、制定战略、内容创作、分析、数学、会计等。

- 个人技能：冲浪、喜欢养狗、打高尔夫、幽默等。

在与潜在雇主或客户交谈时，请记住这些技巧。思考一下这些技能如何帮助你建立强大的人际关系，并在面试时作为你思考的依据。注意，如果不相关的技能对其他人没有价值，不要利用这些技能（例如，如果一个人是认真的，不要总是试图开玩笑；如果你正在申请一个写作职位，不要谈论你擅长微积分——除非你在一家专注于数学的媒体公司工作。如果你能为你周围的人提供真正的价值，你最终会得到你梦寐以求的工作）。

幸福的秘密（工作版）

一些人失去与优秀员工和服务供应商合作的机会，是因为他们没有意识到这些人的价值。如果你有一些有价值的东西，而一个潜在的客户或雇主试图和你谈判，或者不承认你的价值，那可能就不合适了。是的，客户和雇主给你钱，但钱不是万能的。如果一家公司没有让你感到被赏识，没有为你提供足够的价值，你就应该离开。

就我个人而言，我工作不仅仅是为了薪水。我更希望为那些欣赏我提供的价值的客户工作。如果他们不欣赏，那么尽管他们可以满足我的经济需求，他们也不值得合作，因为他们无法满足我的心理和情感需求。当你要雇佣别人，记住这点很重要。如果你欣赏你雇佣的人，你将有更好的机会吸引到一流的人才。

别骗自己了——每个行业都是服务业

分享力公司的艾瑞克·布朗斯坦曾被告知："如果你想在生活中感到满足和快乐，就要为他人服务。"他将这一原则推广到生活的各个方面。他认为，在商务会议中，你要通过专注于服务来赢得与会人员的共鸣。如果你真的想帮助别人，你就会走得更远。事实上，他已经与多家企业的中层管理人员会面，并告诉他们，如果他们与分享力公司合作，他可以帮助他们获得晋升机会，并且这实际上已经发生了好多次。

布朗斯坦还相信，要把自己最好的想法和见解公之于众。他推荐了帕特里克·伦奇奥尼的一本书《坦诚相待》（*Getting Naked*），这是一个关于一家咨询公司产生大量业务的商业寓言。该公司开会时不会带着一个演示文稿进行汇报演讲，而是非正式地与潜在客户交流。他们会提出很多问题，给出很多想法，并以"我们已经在一起工作"的心态对待会议。从本质上讲，这本书展示了顾问们是如何通过他们真诚助人的愿望赢得业务的。

不要假扮受害者

你可以用许多不同的方式传递相同的消息。在商业活动中组织信息时，请注重分享那些你正在交谈的人可以收到的利益，这样你就可以避免给人留下自私的印象。我曾经雇用了一个承包商，他不知道如何组织信息，如何为客户提供有价值的信息。这个人只会从他的角度来提供信息，解释情况如何对他有利。他甚至会谈到他在经济上经历了多么艰难的时期，试图让他的客户为他感到难过，以便得到更多的生意。这不是一个好策略——你不应该希望任何人因为为你感到难过才和你做生意。你应该希望你的智力、能力、产品或服务足够优秀，让其他人无法停止与你合作。

最终，我结束了与这个承包商的合作。有一次，当他为我工作时，他告诉我，他想提高他的报酬，这样他就可以雇用更多的人，并注册一个"让他的工作更轻松"的平台。他在沟通中使用的语言是无效的，这个建议完全集中在他想要的东西上。如果他习惯于关注客户的需求，他本可以换种方式提出同样的计划，让我觉得我通过支付更多的钱来从他的服务中得到更多。他本可以说："我正在升级我的服务，使它更有效。你会因为X、Y和Z而受益，但为了能更高水平地服务，我需要提高我的报酬来支付所需的费用。"如果他以这种方式呈现信息，我会更容易接受这个想法。

所以不要扮演受害者，不要试图让人们为你感到难过，也不要自私自利。相反，发挥你的优势，总是设身处地为别人着想。我们都希望与为我们提供价值的人合作。

如何为重要会议做准备

约翰·基尔库伦是傻瓜系列丛书的创作者，他认为在与人见面之前要先做尽职调查。如果做足功课，你可以为潜在的客户提供更多的价值。找出你是否与客户有任何共同的联系，并对他们的市场进行研究。人们愿意为被人忽视的需求得到及时满足而付费。如果你能发现这些需求，你可以描绘出他们缺少的东西，并为你的产品或服务定更高的价格。此外，基尔库伦还建议与公司的客户和员工进行对话，寻找任何有助于你提供价值的重要线索。

如何在亿万富翁中脱颖而出

根据美国劳工统计局的统计，2018年，美国约有33.8万名私人教练，因此白金健身公司的老板彼得·帕克能够脱颖而出，成为行业内顶尖的教练，这确实难能可贵。他认为他对训练的热情和热爱是他价值的重要组成部分。人们看到他为工作而活，这种热情帮助他脱颖而出。他不会停下来，直到他看到客户的进步，无论客户是职业运动员，还是亿万富翁，或是刚刚开始第一次训练的人。

专注于你热爱的领域。人们会感受到你的能量，它将为他们提供价值——我们都希望被点燃！客户喜欢与快乐、积极的人在一起。

莫顿盐业和美国交通安全管理局如何吸人眼球

让客户感觉到与你的品牌有联系至关重要。如果你能与客户建立联系，无论是通过情感、幽默、惊喜、兴奋或教育，你就更有可能让客户与你互动，更快速地分享你的内容。

大桥公司的迈克·尤尔科瓦茨，是艾美奖获奖导演和制片人，自2001年起他就与黑眼豆豆（Black Eyed Peas）合作。他解释说，当他第一次见到这些音乐家时，他不仅对他们歌曲中的积极信息印象深刻，而且还对乐队主唱威廉（will.i.am）与所有类型的观众建立联系的能力印象深刻。当他在巴西表演时，他穿着巴西足球队的球衣。当他在墨西哥演出时，他举起了该国的国旗。很明显，威廉非常善于与人交往，并善于发现能激发每种文化的东西。

有些人认为他们的产品或品牌很难令人兴奋。但尤尔科瓦茨认为，任何品牌都有能力与消费者建立联系。他以莫顿盐业（Morton Salt）作为例子，这个品牌有着令人难以置信的、引人入胜的内容，尽管盐不一定被认为是一个有趣的主题。

有一次，莫顿盐业和一个叫"OK Go"的乐队合作制作了一段视频。吸引人的是片头是一个4.2秒长的完整视频，在视频结束后，我们才发现这段4.2秒长的视频实际上是一段长约4分钟的较长内容的加速版本，在4.2秒的介绍之后就是完整播放。该内容同时采用了4秒和4分钟长的版本。因为视频由莫顿盐业赞助，它将品牌与一个摇滚乐队和一个有趣的概念联系起来，这让人们兴奋——因此让这个品牌看起来很酷。

另一个案例是运输安全管理局制作的同样引人入胜的视频内容。他们有一个令人难以置信的"照片墙"账户。这个账户分享了一些独特而有趣的故事，关于人们试图携带所有疯狂的物品通过机场安全部门，包括枫糖浆、弹弓和忍者镖。运输安全管理局为这些物品拍照并附上有趣的标题，警告人们不要把这些东西带到机场。该账户目前有超过100万的粉丝。尤尔科瓦茨补充说，没有人会认为运输安全管理局能够在内容上取得突破，但他们确实做到了。

这证明了只要你创建了一个独特的内容，可以向观众传递相关的信息，你就可以成功。如果你让人们感觉到与你的品牌有联系，他们就可能会选择你的产品和服务。

品牌效用的重要性

欧内斯特工业公司（Ernest Industries）的卢皮纳奇非常喜欢谷歌的超级碗广告《洛雷塔》。《洛雷塔》讲述的是一个男人失去了妻子，但通过谷歌助手为他找到的照片，他能够与妻子重新建立联系。卢皮纳奇认为，这则广告表达了这样一个事实："我们的记忆往往比我们记忆中的人、地方或事物更持久。"卢皮纳奇很欣赏这则广告没有使用"借来的兴趣"，这意味着它没有仅仅以流行文化来娱乐观众。例如，这并不是一个把缅怀逝去的爱人和酸奶联系起来（这对大多数人来说没有多大意义）的广告。相反，谷歌的广告有一个真诚的理由让人们参与到关于爱、失去、记忆和怀旧的对话中。

品牌效用，或者你的产品和服务如何对你的客户有用和有意义，应该是你提出诱点和讲故事时的主要关注点。它可以帮助你提供更多的价值，并加速客户对你的品牌的需求。正如卢皮纳奇喜欢说的，"品牌是你履行承诺所得到的回报"。所以，你需要用营销来建立你所做的承诺，并展示你是如何履行这些承诺的。

如何建立一个数百万美元的T恤品牌

我的朋友泽克·弗朗西斯（Zech Francis）创建了一个非常成功的T恤系列，名为"上流社会"（Society），并打入了一家名为巴克尔的大型零售连锁店。我问他是如何让他的产品脱颖而出的，他解释说，他的办公室位于北美最大的T恤印刷厂内，这使他能够印好新的T恤，并在一夜之间运送给巴克尔公司的高管们。

他处理订单的速度给巴克尔团队留下了深刻印象。高管们可以给他打电话提出在任何方面更改设计的要求，并能在第二天收到运送来的新样品——这在时尚界是闻所未闻的。这种高水平的服务使弗朗西斯更具吸引力。事实上，在他从"上流社会"那里学到了一切之后，他在2018年与巴克尔一起推出了另一个名为迪布斯（Dibs）的品牌。迪布斯是巴克尔50年零售历史上品牌增长速度最快的——在不到45天的时间内，销售额从0美元增长到7位数。

要明白如何为你的产品或服务提供价值。想想你可以提供的额外价值，让你的品牌脱颖而出。

内容营销市场里的攀岩、单板滑雪和探险

派拉蒙影业前数字营销副总裁拉森·阿内森认为，信息是迄今为止内容营销中最好、最重要的部分之一。想要学习新事物是人类的天性——如果你为人们提供了获取知识的价值，他们可能会想要购买你正在销售的产品。

拉森·阿内森喜欢户外服装品牌巴塔哥尼亚（Patagonia）在他们的杂志上发表的"体验信"。他可以从中了解新的探险活动，这些活动促使他计划去荒野旅行。他还了解了人们在探险中如何使用巴塔哥尼亚的产品，这使得他想买他们的服装，为自己的探险做准备。

你可以提供关于任何产品或服务的相关知识。一个税务顾问可以教给潜在的客户管理他们资金的最佳方法。瑜伽老师可以介绍各种瑜伽姿势或冥想练习的具体好处。任何类型的企业都可以使用内容营销与潜在客户和当前客户建立联系。

赠送你最好的东西

大多数企业都有稀缺性心态，即如果他们免费发布内容，人们就不想为他们的产品和服务付费，而事实恰恰相反——你发布的内容越有价值，越多的人就会想购买你的产品或服务。你可以通过让人们体验它来证明你的价值。例如，企业家加里·瓦因克就免费提供了很多有价值的信息。事实上，他正是通过这样做建立了自己的整个品牌。他分享的大部分免费内容都是实质内容——有一次他提供了一份88页的文件，概述了他的内容策略，他因此轻松获得了1500美元的打赏[1]。

我并不是建议你把所有东西都免费赠送，但你确实需要了解你与受众的交流所处的阶段。如果处于早期阶段，你需要集中精力建立信任。你不能马上要钱，你需要先提供价值。

在零售环境中，人们总是免费赠送一些产品。发放样品的目

---

[1] 打赏是互联网一种新的商业模式，是一种粉丝经济，其实质是赚粉丝的钱。

的是通过让人们尝试产品来推动销售。这就是为什么像化妆品订
阅服务IPSY这样的公司如此成功的原因之一。IPSY对消费者和品
牌都有很好的诱点。对顾客来说，诱点是他们可以尝试每月寄来
的最新的化妆品、护肤品和香水。而对品牌来说，诱点是他们将
自己的产品交到大量潜在消费者手中，其中许多人最终将成为顾
客。这一模式对各方都有很高的价值。

即使在演讲时，睡眠医生迈克尔·布劳斯也会透露一些他希
望能与其他人分享的有价值的信息。在演讲将要结束的时候，他
总是说："嘿，各位，如果你们想要我的幻灯片，请把你们的邮
件地址发给我。"这就打开了一扇门，因为人们会给他发送电子
邮件地址，然后他会给他们一个包含PDF格式幻灯片的Dropbox
文件夹。这些幻灯片包括他的个人简介、头像、他所做的各种讲
座、他提供的贵宾服务，以及一份附有通用的睡眠指南和建议的
手册。这份手册是很有价值的信息，很容易记住并与他人分享。
通过提供这一价值，布劳斯获得了许多新的客户和机会。

最聪明的公司会赠送很多最好的东西。如果你真的帮助到别
人，他们会想办法在你那花钱。你获得了他们的信任，就相当于
开启了一段长久关系的大门。

获得40亿访问量的秘密

分享力公司的艾瑞克·布朗斯坦认为，在新的"3秒的世界"里，任何时候都有令人难以置信的海量内容发布出来。他强调，现在人们更需要意识到参与度指标比访问量更重要——"任何人都可以买到数百万的访问量！"所以你必须创造一些人们想要参与、分享和与他人讨论的东西，你必须考虑你的观众想要什么。

数字内容策略师纳文·戈达总是告诉他的内容制作者，想象一个人刚开始一天的工作，早上9点，他在浏览他们的社交信息。然后，戈达敦促他们思考："那个人需要什么？我的观众认为什么是有价值的，他们最大的痛点是什么？"只有了解自己的核心受众和客户，才能有效地表达价值。也许这些人需要五分钟的休息或者来点提神的东西。在那一刻，他们不是在寻找你的品牌信息，而是在寻找一些更有创意的东西（比如第3章提到的内容创意和模式）。

企业家罗兰·弗雷泽和杰伊·谢蒂在弗雷泽的播客"商务午餐"上进行了一次对话。谢蒂是内容创作者，他创建的病毒式传播视频吸引的访问量超过40亿次，全球粉丝超过2400万。由于谢蒂是全球互联网上访问量较高的人之一，弗雷泽向他询问了关于分享力以及帮助内容病毒式传播的五个主题。谢蒂分享了五个主题：冒险、喜剧、情感、灵感和惊喜。他指出，病毒式传播与视频分享的频率直接相关，人们分享视频不是因为它能让他们思考，而是因为它能让他们有所感受。如果你让人们感到惊喜、快乐、有趣，或是有灵感去做一些新的事情，你通过这些来为他们提供价值，他们就更有可能分享你的视频，而且它将有更大的机会在网上疯传。

谢蒂认为，他之所以在脸书上拥有一些访问量较高的视频，是因为以下三点：

（1）这些概念是根据实际生活经验发展而来的。谢蒂根据自己与他人的实际经历或与他人的对话提出了视频概念。他最常分享的一段视频的创意来自与一位35岁的人的谈话，他觉得冒险和尝试生活中的新鲜事已经太晚了。谢蒂意识到这是一种普遍的感受，就决定制作一个视频来反驳这个言论。

（2）谢蒂用科学研究来支持他的概念。他想提出可信和可验证的想法，所以他总是添加数据来支持他的信息。

（3）他用诗意和简单化的语言来解释他的概念。谢蒂指出，比起文章，我们更能记住歌词。用诗意和抑扬顿挫的语调说话可以让人们记住你的视频，并把它们转述给他们的朋友。

你可以通过观察人们对它的反应来衡量你的内容表现有多好——看看他们的评论以及他们分享内容的频率。这些信息对于你提供的价值是非常好的反馈。你可以测试不同的概念，了解什么提供了最大的价值，并通过这些信息调整内容策略，无论是在线上还是线下。

提供独特价值吸引重复访问

专业文案撰稿人克雷格·克莱门斯认为应在开发数字内容时立即交付价值。让自己成为一个独特信息的来源，人们在其他任何地方都找不到这些信息，而这些信息可以帮助他们过上更好的生活。关键是你要有一个与众不同的地方，能够吸引人们，为他们提供价值，吸引他们重复访问。

你不能阻止人们切换页面，但如果你想让他们继续回到你的页面，你需要给他们提供一些有价值的东西。克莱门斯举了泰·洛佩兹（Tai Lopez）的例子，洛佩兹在社交媒体广告领域拥有很多资本。他用他的兰博基尼和豪宅的照片和视频来吸引人们。这是他的诱点，但他提供的价值是让人们流连忘返的原因。他用诱点分享视频，"你必须读这些书！"然后，他从这些书中吸取精华，人们可以立即使用它们来提升他们的业务或收入。洛佩兹的一句名言是："知识胜过大学。"这句话非常容易记住，并引导人们采取他们可以立即开始实施的行动。

给你的观众一些可以迅速改善他们生活的信息，他们会重复访问了解信息。此外，试着让他们感觉像你的品牌家族或你自己的个人追随者的一部分。这样，他们就会不断地消费你的内容，并告诉他们的朋友。记住，你给的价值越多，你得到的价值就越多。

● ● ● **本章回顾** ● ● ●

① 如果产品或服务不提供价值，它就不应该存在。

② 如果你专注于为他人提供独特的价值，你就会脱颖而出，获得关注。

③ 通过你的真诚和乐于助人的能力，你可以赢得新的业务。

④ 人们愿意为被人忽视的需求得到及时满足而付费。如果能发现这些需求，你就可以描绘出他们所缺少的东西，并为你的产品或服务定更高的价格。

⑤ 业务是建立在联系之上的，因此创造和维护它们的能力是很重要的。

⑥ 通过情感、幽默、惊喜、兴奋或教育与你的观众建立联系，他们更有可能以更快的速度分享你的内容。

⑦ 关注品牌效用，以及你的产品和服务如何对你的客户有用和有意义，这应该是你在提出诱点和讲故事时的主要目标之一。

⑧ 要有策略地使用领英和陌生推销电子邮件——连接、建立关系和提供价值，而不是销售、销售、销售。

⑨ 使用内容营销来发展你与潜在客户和当前客户的关系。

⑩ 在你的数字内容中立即传递价值——让自己成为一个独特信息的来源，人们无法在其他地方获得这些信息，而这些信息有助于他们过上更好的生活。

⑪ 让内容得以分享和病毒式传播的五个主题是：冒险、喜剧、情感、灵感和惊喜。

⑫ 杰伊·谢蒂认为，他的视频之所以成为脸书上访问量最大的视频，是因为他的概念是从实际生活经验里发展而来的，他用科学研究来支持他的概念，并用诗意和简单的语言来解释这些概念。

⑬ 提供的价值越多，得到的价值也就越多。

第8章

从诱点到规模化：
48个月赚16亿美元的秘密

一旦你使用清晰的诱点和故事建立了一个有效的商业和营销策略，你就很有可能达到你想要扩大到的规模。为客户提供价值将不可避免地帮助你成长，但通常最难的部分是如何触达包含潜在客户的正确用户。以下这些都是可以帮助你实现规模化的必胜方法：去那些已经有流量的地方，找到超级连接者（Super Connectors，我在本章后面会讲到），利用好推荐，线上线下营销相结合。这些是我在本章要讲到的内容。

不要从零开始，去那些已有流量的地方

很多最聪明、最成功的公司之所以成长飞速，是因为他们知道如何利用已经建立起来的用户。举例来说，"油管"利用聚友网的流量，用不到2年的时间就以16.5亿美元向谷歌出售了他们的公司。那个时候，聚友网自己的平台上是没有视频播放器的。油管意识到这一点，成为最早创建聚友网兼容的视频嵌入代码的公司。于是，聚友网的用户会把"油管"的嵌入代码放到他们的个人主页里。无论是音乐视频、电影预告片，还是他们自己生产的内容，当他们的朋友看到他们个人主页里的视频的时候，便会想要效仿。当用户点击了视频，他们便会跳转到"油管"的网站，

他们就能在那里上传自己的视频，或者把视频嵌入代码放到他们自己的聚友网个人主页上。就这样"油管"利用聚友网既有的用户和流量帮助业务规模快速扩大，这种快速发展对谷歌十分有吸引力。"照片墙"也利用类似模式，利用脸书的流量迅速建立起了用户基础。

另外一个例子，是我通过和博主们建立联系，利用已有的流量进行引流。当时我还在湖岸娱乐工作，我发现电影博主有很大的可以用来开展营销活动的能量（和流量）。那个时候，许多公司没有像对待其他媒体或传统报纸那样，给予博主们同样的尊重。然而，我看到了与博主合作中的"潜力"——他们的网页有很多的流量，而且他们有能力把湖岸娱乐的电影分发给成千上万的电影迷。带着这个想法，我开始主动和他们建立联系并培养感情。

为了给这些博主们创造价值，湖岸开始为这些博主们创造能够跟电影明星以及业界人士互动的聚会。一个最成功的派对是由湖岸在动漫展（Comic-Con）上赞助的，被称为"骗局之怒"。电影博主们的聚会也举办了很多年，但是规模一直很小，也就50多个参与者。那时候湖岸有一个小的独立电影叫作《病理学》（*Pathology*），我们没有足够的预算来推广。为了让这些博主们帮助我们去推广这部电影，我们赞助了他们一些资金来举办更大的派对，并邀请这部电影的明星米洛·文堤米利亚（Milo Ventimiglia）和艾莉莎·米兰诺（Alyssa Milano）。那一年起，派对的规模越来越大，每年都有更大的赞助商，它最终成为动漫展上最大的派对之一。

赞助派对帮助我们和这些博主们建立了联系，因为博主们能够接触到电影明星和想要独家内容的人（这在当今电影行业已经成为一种普遍的做法）。从那以后，他们更倾向于在自己的博客上宣传湖岸娱乐的电影，这样就能快速地以较低成本吸引许多潜在观众的眼球。这是一种双赢的局面。

你也可以在你的行业做类似的事情。想想哪里存在能够帮助你促销产品和服务的流量。一旦你发现了合适的机会，你就要考虑如何为这些流量主提供价值。

你也可以去那些每个人都去的地方获取流量。企业家加里·维纳查克说，"新的美国全国广播公司（NBC）、美国广播公司（ABC）和美国集团公司（Fox）就是脸书、'照片墙'和色拉布（Snapchat）"。人们的注意力都在那，所以这些是购买媒体和触达目标客户最好的地方。

专家撰稿人克雷格·克莱门斯也建议以多种方式测试各种流量来源。除了社交媒体网站，他的公司还经常测试《赫芬顿邮报》、TMZ和其他新闻网站的流量。然而，克莱门斯警告，因为大家的注意力通常都集中在同一个地方，找到人比抓住他们的注意力容易，这就是为什么使用一个真正强大的诱点非常重要。

> **一个测试诱点的可扩展流量源**
>
> 社交媒体广告投放平台提供大规模的流量，让你可以快速测试和学习。你可以通过测试来发现哪些诱点可以成功地提高知名度、产生潜在客户、建立电子邮件列表、实现电子商务转化和用户增长。你很快就会知道你的信息的质量，看它在吸引人们点击和进入你的内容时是否有效。

我如何利用现有流量在一个月内增长超过20万的"照片墙"新粉丝

我利用现有的流量来源将我的"照片墙"主页粉丝数量以非常快的速度增长到100万。我在一个月内增长了超过20万的粉丝，甚至在一天内创造了超过7.5万的粉丝增长量。我的"照片墙"粉丝增长策略是，把内容分发到其他拥有大量粉丝基础的"照片墙"账户上，让他们的观众看到，并把流量带回我的页面。我对内容进行了广泛测试，看看哪些诱点足够大，足以吸引观众来到我的频道，这样我就可以让他们选择并关注这个账号。

为了确保内容足够强大，再在各个页面上大规模推广，我使用了我的一个合作伙伴的账户，这个账户有400多万粉丝。我会测试各种诱点和内容格式，看看哪些能最有效地吸引人们的注意力，让他们进入我的账户并点击"关注"按钮。我会估量用户的反应程度以确定每个内容的有效性，然后进行测试，直到我发现最大的变化。一旦我确定这是可行的，我就会把表现较好的内容分发到7~10个合作伙伴的账户上，每个账户都有数百万粉丝。

登上舞台！演讲活动如何推动业务发展

睡眠医生迈克尔·布劳斯做过很多演讲。他演讲不仅因为这很赚钱,也因为每次他去讲座（在成百上千甚至成千上万的人面前），都是一个获得新业务的机会，包括代言、未来的演讲或吸引新客户等。布劳斯通过组织他的演讲，使听众认同他所提供的服务。在他的讲座《筋疲力尽的高管》（*The Exhausted Executive*）上，他在两三个案例研究中给出了贴士、技巧和内部信息，让大多数观众说的正是自己。

例如，他有一个关于约翰的案例研究，45岁的约翰每天早晨都感到非常疲惫。他会稍微喝点酒，他的体重一直在增加，也做不到他所希望的那样经常锻炼。目前，他每晚会醒三次到四次。布劳斯创建了不同类型的个人案例档案用作讲座讲解。如果听众认同这些案例研究，他们更有可能在他演讲结束时的问答环节中提出问题，这时可能是他真正的销售机会。

在问答环节中，观众通常会问两类问题：私人问题或好奇心问题。当有人问他一个私人问题时，他通常会回答："帮我一个忙，结束之后来找我吧，因为这个问题我想和你私下谈谈。"如果他得到了四五个这样的问题，他就有了四五个潜在的新客户。

会见你的信息传递者

布劳斯在2018年接受了241次采访。他通过每月向所有过去采访过他的媒体人士发送一份记者专享通讯，而获得了大部分的采访。在专享通讯中，他会发送关于睡眠的研究，并为他们的文章或电视节目找出诱点。经过10年的不断积累，他可以接触到世界上主流媒体的650多名记者。他不需要公关，因为他会直接找到消息来源。他和那些最能帮助他的人已经建立了牢固的关系。

超级连接者

要想在线下拓展你的业务，你需要寻找我所说的超级连接者——那些与你想要做生意的有良好关系的人，因为他们和那些通常很难接触到的人建立了关系。

你需要在你的行业中找到那些有能力的人，他们能够将你与潜在合作伙伴、高收入客户或流量来源联系起来。如果你的职业生涯刚刚起步，或者你不是一个熟练的交际者，那么超级连接者可以为你发挥惊人的作用。一个超级连接者可以帮你连接几十个人。我个人之所以使用这个策略，是因为我天生就是一个内向的人。对于那些害怕不断出去认识新朋友的人来说，这个策略非常有用。对我来说，一个非常重要的超级连接者是与我签订技术平台授权协议的音乐电视网主管。他打开了我与泰勒·斯威夫特、史努比·道格（Snoop Dogg）、迈克尔·斯特拉汉（Michael Strahan）等人合作机会的大门。

超级连接者可以改善你的产品

傻瓜系列丛书的作者约翰·基尔库伦认为，该系列的成功很大程度上要归功于水边制作公司（Waterside Productions literary）带来的才华横溢的作家、文学经纪人比尔·格莱斯顿（Bill Gladstone）——他碰巧也是我的经纪人。基尔库伦说，找到伟大的作家是至关重要的，格莱斯顿接触到了很多这样的作家。他成了信息传递者和经纪人，负责寻找善于解释问题而且具有喜剧敏感性的作家。

然而，格莱斯顿并不是唯一一个帮助这个系列蓬勃发展的超级连接者。基尔库伦在旧金山的一条街上遇见了正在打篮球的埃里克·泰森（Eric Tyson），他后来成为《傻瓜个人理财》

（*Personal Finance for Dummies*）的作者。他们通过闲聊相识，然后基尔库伦把他请到办公室和他的同事和员工交谈。泰森碰巧在给加州大学伯克利分校的一个个人理财推广项目上课，所以大学请他来写这本书。后来，他们发现泰森与投资方嘉信理财（Charles Schwab）有联系，嘉信理财最终为那本书写了前言。

基尔库伦认为，这个图书系列的发展得益于许多优秀的合作者。它不是一个人创造出来的，他们有一个很棒的团队。你永远不知道最终谁会对你的业务发展有帮助，所以要开放、友善，并花时间倾听你遇到的每个人的意见。他们可能会有带来推荐或建立流量的新方法。

名人对你的品牌的真正价值

亚历克斯·利维安（Alex Livian）是LMS 电声分析系统有限公司的联合创始人，LMS是一家致力于打造在线品牌的现代分销公司。LMS使用最先进的付费媒体增长策略，着重于与知名人物建立品牌。LMS公司最令人印象深刻的客户是足球运动员克里斯蒂亚诺·罗纳尔多（C罗）和他的内衣品牌CR7，他们是该品牌在北美的独家经销商。目前，C罗在"照片墙"上拥有最多的粉丝，粉丝数超过2.05亿。这比金·卡戴珊、泰勒·斯威夫特、巨石强森和爱莉安娜·格兰德（Ariana Grande）都多！由于C罗的市场吸引力，利维安利用了C罗现有的品牌帮助自己迅速扩大了规模，而不需要从零开始。

利维安之所以选择经销C罗的CR7品牌，是因为这位足球运动员早已在球迷中建立起了信任。相反，如果利维安从零开始，他将不得不更努力地推动品牌在公众眼中的知名度。当你与一个现有品牌合作时，你可以快速跟进营销的过程，因为有影响力的人已经建立了关系。

尽管利大于弊，但利维安说与名人合作也有一些潜在的缺点。你需要选择那些你信任的人，因为名人也有可能在公众眼中变为负面形象，这会反过来损害你的品牌和销售。利维安举例说，当名人卷入丑闻或在公众风评不佳时，与他们相关的品牌往往不得不终止合作，以避免将品牌的声誉也置于危险之中。

此外，当你把自己的品牌和一个人联系在一起时，你的形象受制于对方行为的风险就增加了，所以要明智地做出选择。幸运的是，罗纳尔多对于利维安是一个安全的选择。除了在足球界被视为神以外，罗纳尔多还通过其庞大的社会追随者群体证明了他的大众市场吸引力。这些忠实粉丝大大降低了利维安的获客成本。

当你与有影响力的人或名人合作时，你也需要确保他们与你的产品有真实的连接。如果他们不这样做，他们对你的营销策略也没有帮助。例如，利维安说，当他看到奥尼尔出现在别克的广告中时，他想，"这家伙根本进不了这辆车，而他却是这辆车的代言人……这没有意义"。然而，当他看到乔治·克鲁尼（George Clooney）出演卡萨米哥斯（Casamigos）龙舌兰酒的广告时，他觉得这很有效，因为克鲁尼温文尔雅的形象能与观众产生共鸣，卡萨米哥斯品牌与他的形象相符，这种合作匹配是有意义的。如果你能找到人们信任的、合适的人，他们可能会立即对你的产品产生信心。

如果做得好，与名人合作是迅速扩大业务规模的好方法。它可以降低你的获客成本，并加快营销过程。但当你把你的公司、产品和别人的名字联系在一起时，你必须确保你做出了明智的选择。

推荐的力量以及如何利用它们来发展你的业务

白金健身的老板彼得·帕克在他的生意中几乎不做任何传统营销。到目前为止，他所有的客户，包括一些名人和亿万富翁客户，都是通过口碑营销来的。帕克解释说，他的许多客户（尤其是那些全明星运动员或首席执行官）很重视他们的隐私，不想让公众知道他们在做什么。为了保护客户并维持他们的信任，帕克对社交媒体和其他新形式的广告持谨慎态度。帕克和我成了朋友，每次我们聊天，我就能了解到一个以前不知道的他训练过的新名人客户。这自然而然地出现在日常对话中，并且他从不夸夸其谈，这也是顶级明星喜欢他的另一个原因。

　　帕克的生意有一些很大的转介绍来源，包括克里斯·雷纳医生（Chris Renna）（另一个超级连接者），他是世界上最好的医生之一。克里斯·雷纳医生和其他三四个医生给帕克介绍了很多客户。这些医生通常对病人说："如果你想保持身材，帕克是最好的。他真的很专业。你可以在他的书中了解更多关于他的哲学。"因为这些医生都是世界顶尖的医学专家，他们的病人信任他们，因此也就自然而然地信任帕克。

　　帕克的转介绍也来自他帮助客户获得的成果。你可以通过遵守你的诺言和兑现对现有客户的承诺来获得新客户。当帕克帮助人们减肥30磅或增强他们的后背力量使他们多年来第一次能够抱起自己的孩子时，他改变了他们的生活。这种喜悦和感激会转化为感言，而感言又会转化为推荐。

　　我的父亲吉姆·凯恩也提到，他以前所在的律师事务所（芝加哥历史最悠久、最受尊敬的律师事务所之一）的大部分新业务，也都是通过转介绍得来的。律师必须出去寻找新的客户，他们中的许多人会加入与自己专业领域相关的组织，这样他们就可以建立联系。关键是连接。

　　我父亲有这方面的优势，因为他曾为芝加哥前市长和伊利诺伊州前州长工作过。市长和州长总是出现他们所在市或州内的重大场合上，因此，获得了他们对父亲能力的信心，帮助我父亲掌握了潜在客户的线索。你永远不能低估联系在发展新业务中的重要性。

与你所在行业相关的重要人士建立联系，可以帮助你扩大规模。因此，试着获得一两个超级连接者的信任，这样他们就可以向你推荐业务。如果你把精力和能量集中在正确的人身上，你的规模会扩大得更快。

注意：稳步前进

当医生把人们介绍给彼得·帕克时，他们强调的是他是专家，而不是他的业务——白金健身。但这为帕克带来了一个问题。他有太多的客户，以至于不能自己接待所有的客户，这就是为什么他建立了一个世界级的团队来帮助他。然而，不幸的是，当推荐人听过彼得·帕克的名字时，他们不一定想与他的团队成员合作，他们想与他个人合作，这就限制了他的公司的成功和可扩展性。

我一直在帮助帕克重新定位他的信息。现在，当有人推荐他时，他会阐述整个团队的价值。我指导他改变他的故事，强调一个事实，他与一个专家团队一起工作，每位专家都专注于一个特定的领域。如果有人有背部问题，他的团队里有专家；如果是膝盖的问题，团队里的另一个人拥有这个领域的专业知识。以这种方式组织他的团队，有助于把"彼得·帕克是世界上最好的"的诱点转移到"彼得·帕克的团队是世界上最好的"上面，这将有助于他的业务更有效地扩大规模。

想想你在创建诱点和故事时是如何定位自己的。请确保你创造的诱点和故事对于你未来长期的业务是有帮助的。提前考虑这一问题会帮助你更高效地成长。

瞄准更广泛的受众

当利用付费广告时，最常见的策略是将你的广告内容面向最有可能购买你的产品或服务的特定利基用户。然而，当涉及有机的社交媒体时，很多时候一个适用于更为广泛受众的内容策略是明智的，这将最终连接到你的利基用户。

当数字内容策略师纳文·戈达在第一媒体设计社交内容时，他的团队追求的是巨大的胜利。例如，他们不是简单地以DIY工艺项目的粉丝为目标，而是致力于为更广泛的用户设计内容。他们这样做的原因在于算法的工作原理。他们的视频通常可以获得3000万到1亿次的点击量。通过这种方式，他们不仅能够吸引核心用户，还能够吸引那些从未看过他们内容的新用户。

观众对这些视频的高度兴趣让第一媒体得以完善品牌结构，将受众从婴儿和"千禧一代"的妈妈扩大到"千禧一代"的女性和其他垂直领域。接触到更广泛的受众给了这个行业新的可能性。在两年半的时间里，他们从一个只有三个人的数字团队，成长为一个超过55人的团队，每月的访问量大约30亿次。

当你首次发起社交付费广告活动时，我通常建议你瞄准更广泛的受众，让数据揭示你的真正受众。但就目前而言，你只需知道，可能会有你从未想过的用户对你的产品感兴趣，你可以使用社交媒体平台来测试和发现你的理想客户。

1000个真正粉丝的价值

在凯文·凯利（Kevin Kelly）的著作《1000个真正的粉丝》（*1000 True Fans*）中，他强调了一个概念，你只需要1000个真正的粉丝，他们每人每年付给你100美元，你每年就可以赚到10万美元。他建议随着时间的推移慢慢建立这样的用户群，这样你就可以确定这些人会购买你的产品或服务。虽然我尊重这个概念，也认为它有价值，但我还是想解释一下为什么我要采取不同的方法。

我一开始是在娱乐行业工作的，在这个行业，1000名观众太少了，无法带来投资回报。如果我带着只有1000人或者1万人的想法参加会议，我会被解雇的。我必须在尽可能短的时间内拿出能接触到数百万人的想法来。

因此，当涉及潜在的受众规模时，我的思维被训练得更大胆。当宣传一部电影（除了续集）时，你必须在几个月内建立一个品牌。仅靠5000人甚至1万人，这些品牌无法生存。你必须在很短的时间内接触到2000万、3000万、5000万甚至1亿人。

我为娱乐圈的客户服务的经验让我能在很短的时间内迅速接触到大量的潜在消费者。不论你在哪一行业，知道如何做到这一点就等于获得了一个独特的机会。无论你是作家、厨师还是运动员，知道如何接触大众都会有所帮助。

最近，我查看了世界顶级厨师的社交媒体账号。许多真正的大明星，包括沃尔夫冈·帕克（Wolfgang Puck）在内，在"照片墙"上只有不到21.5万名粉丝。对"照片墙"来说，这不是一个很大的数字，但对烹饪界来说，这是一个很大的数字。想象一下，一个拥有30万到35万粉丝的厨师会在这个细分行业脱颖而出。那些因为拥有大量用户而鹤立鸡群的人会吸引人们的注意。他们可以利用超过平均水平的观众规模来获得新的机会、品牌交易，以及在播客上露面、在电视节目上获得插播广告，等等。

同样地，拥有1000个真正的粉丝具有巨大的价值，这是一个能够帮助你的事业的重要用户基础。通过拥有最大的曝光率，你很有可能更快地找到你的1000个真正粉丝，以及更大的线下机会。我的粉丝在30天内就增加了100万，所以我可以尽可能广泛和高声地传播信息。我知道这100万人都是会从我这里买东西的忠实粉丝，那不是重点。重点是利用诱点（从零开始在30天内拥有百万粉丝）进入播客、演讲舞台和电视，建立战略合作伙伴关系，让我获得更多曝光率，让我的忠实粉丝数量更快达到1000名甚至更多。

我也希望你尽可能地把眼光放远。什么样的机会会改变你的职业生涯？你如何利用你的用户规模让自己接触到潜在的变革制造者？换句话说，尽可能地去做大做响，这样你就能抓住更多对的人的注意力，他们会对你的职业轨迹有着重要的影响。

努力结合线上线下来扩大规模

有很多方法可以把线上和线下结合起来，进一步提高品牌知名度，推动巨大的增长，并创造有意义的机会。如果你能有效地结合你的线上和线下表现，就像我下面解释的那样，你就能真正地扩大规模并创建一个持久的品牌。

任何试图发布内容的人都认识到，拥有大量的真实的粉丝，是衡量个人品牌影响力的有效标准。这说明很多人已经关注你了。如果很多人已经在看你的内容，那么其他人就更有可能想看你的内容。

尽可能广泛和快速地建立你的用户群，这样你就可以将其作为一种认可和信用指标。这将帮助你脱颖而出，因为只有一小部分人能够做到。这本身就会成为你的一个诱点。这可能不是你所引导的诱点，诱点很可能与你在你的业务中所做的有关。但无论你是医生、演员还是作家，一大批粉丝都会让人们关注你，吸收你的核心信息。

> ### 如何将我的社交媒体受众转化为线下机会
>
> 如前文所说，在30天内我在脸书上增长了100万粉丝，然后我想出了如何在很短的时间内在"照片墙"上获得100万粉丝这个诱点。很多人都觉得这很吸引人，这也帮助我脱颖而出。我利用了这种成就，作为一个我在线下讲的线上故事。它帮助我激发关注、认知、教育和灵感。
>
> 正如你可能意识到的那样，通过品牌合作伙伴关系和有影响力的人促成交易并拥有大量的粉丝，可以增加提高收入的机会，同时也建立了他们与你的品牌的商业关系。社交平台的广告投放功能也可以用来为潜在客户提供线索，并用于在网上大规模直接销售产品和服务。但我发现，比这些平台提供的线上机会更有趣的是，一旦人们开始接触你的内容，或线上购买你的产品和服务，你可以利用这种势头，将其转化为线下的重要机会。
>
> 你可以利用你的线上关注，把它作为一个杠杆点，获得战略伙伴关系、交易，并让人们更认真地对待你。一个明显的例子就是演员索菲·特纳（Sophie Turner），她最出名的角色是HBO电视剧《权力的游戏》（*Game of Thrones*）中的珊

莎·斯塔克（Sansa Stark），她承认自己被选中而不是另一位更优秀的女演员出演这个角色是因为她拥有更多的粉丝。

就我个人而言，我利用网上关于我的成就的报道找到了一个文学经纪人，这让我获得了一份出版合同。突然间，我在现实世界里有了一个实体产品，这是我在网络世界里所做的事情创造出来的。然后我回到网络世界，用我的社交媒体平台来卖我的书。从那时起，我利用了自己庞大的社会粉丝群体和一本书给我带来的影响换取了在世界各地的舞台上演讲的机会。我曾在宜家、心谷和网络峰会举办的活动上发表过演讲。

事实上，我有一个很好的诱点——一本已经出版的书，还有几场演讲，这些都让我有机会出现在著名的播客上，在世界各地有大量的粉丝。这让我接触到更多的观众，我用我的信息接触到更多的人。然后，这带来了出现在媒体上的机会，如福克斯商业、天狼星、洛杉矶新闻台、雅虎金融等。这让我更有影响力，也让更多的人看到了我的品牌。

你是否看到线上和线下的每一个步骤都创造了滚雪球效应，使我的品牌持续增长？我把庞大的社会受众的故事在其他线下媒体中展示，你也可以这样做。无论你有100万还是1万粉丝，不要局限于从直接收益或品牌交易的角度来考虑。因为你的社会信誉，人们会更重视你，所以要好好利用它。你可以扩大你的机会，获得战略伙伴关系和线下交易，相比只专注于线上，这可能会带来更大的交易和收入潜力。

把线下品牌发展到线上

这个过程也可以反过来进行。最近的一个例子是我和睡眠医生迈克尔·布劳斯一起做的研究。如前所述，布劳斯已经建立了一个巨大的线下品牌。他在许多活动中发表讲话，并出现在许多电视节目中，包括《奥普拉脱口秀》（*Oprah Winfrey Show*）、《今日秀》和《奥兹医生秀》。然而，尽管他有如此巨大的曝光率，他在线上的关注度增长速度却没有这么快。

正如前面提到的，在演讲活动中，布劳斯会收集电子邮件地址，以便在每次演讲结束时寻找潜在客户。然而，在巡回演讲多年后，他只收到了几千封电子邮件。当我们相遇时，我对他说，在网上一两天内就可以获得这么多的电子邮件地址。我们目前正在努力收集他的诱点和他在线下收集的所有数据，以推动他的线上增长。这将使他的线上和线下曝光联合起来发展他的品牌和业务。

你也可以把你表现最好的线下诱点推给网上的人。你可以在几天内在线上接触到成千上万的潜在客户，如果他们与你的内容有共鸣，就会向你提供他们的姓名和电子邮件地址。例如，我们之前讨论过的睡眠医生的一个诱点是：睡前什么时候运动最完美？布劳斯可以制作一个视频来回答这个问题，并通过我的社交测试策略，将其推送给超过100万人。通过免费提供这些吸引人的内容，他能够获得数千个姓名和电子邮件地址。他可以利用这个新的在线电子邮件分发列表来获得更多的收入机会（例如，在线课程、赞助、图书促销和研讨会）。

这只是线上和线下融合的一个例子。不要只专注于建立你的线下业务或只关注线上增长，尝试让二者相互作用。将你在这两个领域的发展结合起来，来推动更大的增长。

在线下测试你的故事

我获得百万粉丝的目标是让我可以进行线下对话。虽然我本可以立即利用粉丝进行品牌交易和其他收益机会，但我觉得线上已经有很多有影响力的人，赛道非常拥挤。我想要建立一个更强大的诱点。我想让自己与众不同，我认为利用一些更有战略意义的线下机会，将为我的品牌带来更多潜在的增长和规模。

也就是说，最近我正在考虑雇用一些人来帮我实现品牌变现，撬动品牌影响力。同样，你可以直接通过粉丝获利，有些有影响力的人通过与粉丝的在线互动赚了数百万美元。如果那是你的目标，我希望你也这样做。然而，我更希望你从更广阔的角度来看待问题。这是非常令人兴奋的，你可以利用你的线上影响力来助力信息传播，发展你的品牌，创造独特的规模机会，无论是线下还是线上。

在播客上挖到大的机会

我和迈克尔·热维斯在播客《发现优势：高绩效心理学》（*Finding Mastery： High Performance Psychology*）中出现，展示了另一个将线下机会与线上认知度相结合的例子。这个非常成功的播客有很多听众，所以我的出现让我有机会接近几家大公司的高管，他们听了这个播客就想雇用我。

为了获得这些新客户，我采用了线上线下相结合的方法。在一次会议期间我利用一本书（线下项）和诱点获得一百万的粉丝（一个在线策略），通过朋友的介绍（线下）走向了播客（线上），这让我的工作（线下）曝光在一大群听众（线上）面前，有些人走出来和我一起工作（线上和线下）。好吧，这段话很拗口，希望你们不要太迷惑。但重点是，结合线上和线下的努力是有效的！你能开始看到线上和线下世界是如何相遇、互动和相互支持的吗？在这个例子中，线下和线上融合发展，相互促进并创造机会。它们都始于一个有趣的诱点和故事，你可以在不同媒体上利用它们。这样你就可以让你的受众多样化，提高你的品牌认知度。

如何在你的播客上亮相

你可以采取三种方法来开启播客首秀。第一种方法是聘请公关人员。由公关人员发起和管理宣传，除了寻找播客，他们还可以寻找广播、电视和出版机会。但一定要做足功课，并选择一个不会把你锁定在长期合同中的人（你需要测试一下这个人，看看他是否真的能做到），一个你喜欢与之共事的人、了解你品牌的人。

第二种上播客的方法是寻找一家从事相关工作的中介公司。例如，一家名为面试管家（Interview Valet）的公司专注于播客面试营销。他们可以帮你匹配到合适的播客，并在社交媒体上宣传。然而，根据我的经验，这些公司通常只把你放在每集下载量在1000到4万的播客上，而不是那些每集下载量超过10万的热门节目上。但是这种方法在起步期是不错的选择。

通过同事和朋友的推荐，我在顶级流量的播客上崭露头角。有人推荐总是最简单和最好的资源，更不用说，它们通常是免费的。但如果你还没有这样的关系积累，可以专注于识别超级连接者来帮助你，或建立一个庞大的受众以利用新的潜在的联系和伙伴关系。

这就引出了第三种上播客的方法，你可以利用大量的社交追随者来出现在播客上，或者建立自己的播客。播客需要观众，如果你有一个庞大的社交追随者群体，人们会想要采访你来扩大他们自己的社交网络。

或者，你可以通过吸引那些想要接触你的追随者的人来创建一个播客。杰伊·谢蒂作为一名病毒式内容创造者，利用他过去的成功经验建立了一个非常成功的播客"接近杰伊·谢蒂"（On Purpose with Jay Shetty）。他的客人包括企业家加里·瓦因克；个人转型先锋、整合医学博士狄巴克·乔布拉（Deepak Chopra）；格莱美奖得主艾丽西亚·凯斯（Alicia Keys）；《华尔街之狼》（the Wolf of Wall Street）的作者乔丹·贝尔福特（Jordan Belfort）；真人秀明星科勒·卡戴珊；女演员凯特·博斯沃斯（Kate Bosworth）（以《超人归来》和《蓝色激情》而闻名），以及服装设计师肯尼思·科尔（Kenneth Cole）。邀请这些人上他的播客给杰伊·谢蒂带来了很大的影响力，也提升了他接触新听众的能力。他还与嘉宾们建立了战略性的联系，这些人将来可能对他有好处。反过来，这些嘉宾，不管他们已经有多少观众，也可以通过他的播客获得新的粉丝。

在不到30天的时间里，我拥有了100万的粉丝，加上我建立的诱点，让我的播客数量激增。当主持人看到我有100万粉丝时，他们会意识到我的社会影响力值得他们邀请我在他们的节目上发言。他们认为这对他们的节目是有益的，除此以外，我的吸粉方式可复制，他们的观众可以有所收获。

一旦你上了几个播客，其他播客主持人就会开始找你。听过我的播客的人在学会这些技巧后每周都会收到两三个通过领英和其他播客联系合作的机会。如果你能把每一次出场都做得很好，播客就能产生滚雪球效应。当人们听说你有多么了不起，他们会开始联系你。

刚开始的时候，我建议你抓住每一个播客机会。不管播客的规模有多大，我通常会对任何出现在我面前的机会说"是"，我对提供的每一个曝光机会都报以开放态度。即使我只和100个人说话，我也认为这是值得的。这些亮相通常只需要我20~30分钟的时间，给了我练习的机会，帮助我获得更大的机会。

开始你的第一次演讲

在我试图获得一个演讲的机会之前，我找了一个演讲教练。我非常认真地对待谈话，不想轻率地介入。我看到了受过训练的人和没有受过训练的人之间的区别。有些人认为有魅力就足够了，但成功的演讲者却会组织自己的演讲。他们会运用一些方法使他们的演讲有价值。因为我渴望最高水平的演讲，我想成为一名专家。

当我感到自信的时候，我开始告诉我所有的朋友和同事，我正在寻找演讲的机会。一个商业伙伴给我介绍了几个从事活动策划的人。在那次会议上，我被介绍给了宜家，并有机会与宜家在瑞典的全球创意团队主持一个研讨会并一起发言。

就像播客一样，滚雪球效应开始发挥作用。你做的演讲越多，表现越好，你得到的推荐就越多。如果人们看到你有一个很棒的演讲，他们就会想要在他们的活动中邀请你。另外，观众当中也会产生潜在客户。

当你第一次演讲时，你应该与休息室里的其他演讲者产生联系。这些人有很好的资源，可以给你推荐其他演讲机会。例如，我在一次演讲活动中遇到了睡眠医生迈克尔·布劳斯，现在他向我推荐了其他活动。

再次强调，转介绍是找到新机会最好和最简单的方法，但你也可以通过聘请一位经理人来寻找机会。我和我的经理人签了合同，他可以帮助我增加我每年有偿演讲的次数。不是每个人都要找个经理人，但你总可以做自己的经理人。列一份在你的领域中常进行付费演讲的人的名单，去他们的网站看看他们的演讲活动和日期，然后向清单上的活动推销自己。

你可能不会在你的第一次演讲活动中得到报酬，除非你是一个大名人，已经有一个知名品牌，或者是某个具体方面的专家。大多数情况下，你会在免费的活动中开始演讲，并在免费活动中获得收费的演讲机会。就我而言，在宜家的工作是有报酬的，但同样，这是通过其他人的介绍得来的。然而，即使在我已经有付费演讲的机会之后，在我刚开始做演讲的那段时间，我也在许多无报酬的活动中进行演讲以树立我的信誉，提高我的演讲水准。

为了获得更多的演讲机会，我也会利用粉丝群体庞大这一诱点。我让活动策划者知道，我能向我的受众推广他们的活动。活动策划者总是想听到这些，这对他们来说很有价值。

在网络峰会上，我利用我的数字广告专业知识更进一步提供价值。网络峰会是世界上最大的技术会议之一，有超过7万名与会者。当我遇到活动组织者时，我做了一些调查，想知道有多少人观看了他们的热门视频，当时有大约100万次的访问量。我告诉他们，我的视频可以超过这个访问量，之后利用我在《百万粉丝》中列出的广告策略，我制作了一个视频，产生了超过120万次的访问量。

网络峰会的活动让我在可信度方面脱颖而出。活动组织者对结果非常满意，因为我提供了其他演讲者之前没有提供的价值。这样做也帮助了我。从那以后，我利用了我为网络峰会所做的案例来获得其他有偿演讲的机会。这个案例研究向活动组织者展示了我能为这次合作带来什么。提供这样的价值让我有机会到世界各地演讲。

实现电视首秀

在和一位福克斯商业频道主持节目的朋友培养了十年的感情

之后，我终于第一次登上了电视节目。我培养这段关系不是因为我想登上这个节目，我也从来没有想过我会去那里，但事情就是这样发生的。

我在电视上的其他所有亮相都是通过公关人员来完成的。电视并不是我的主要关注点。但再次强调，这是着眼于你已经拥有的联系，提供独特的价值，并利用你的社交观众的问题。电视制作人想要与那些已经有粉丝的人合作，因为他们相信这会吸引更多的观众。收看的人数很重要。利用好你的社会认可和信誉可以帮助你脱颖而出，并增加你在电视上出现的机会，这将有助于你的业务规模扩大。

●　●　●　**本章回顾**　●　●　●

① 不要试图从零开始为你的产品、服务和内容创造流量——去那些已经有流量的地方。

② 社交媒体平台是一个很好的流量来源，让你可以大规模地测试和学习。

③ 你可以利用现有的流量来源以非常快的速度实现粉丝增长。我在一个月内创造了超过20万的粉丝增长，有时甚至在一天内收获了超过7.5万的粉丝。

④ 要想在线下拓展你的业务，你需要寻找超级连接者，那

些想要与你合作并有良好关系的人。

⑤ 与合适的名人合作可以加快你的营销过程。

⑥ 你永远不知道谁最终会对你的业务发展起作用，所以要以友善、开放的态度对待他人，并花时间倾听你遇到的每个人的意见。

⑦ 他人推荐和口碑是最好和最有效的拓展业务的方式。

⑧ 确保你的诱点与你未来长期发展的业务是相匹配的。

⑨ 尽可能地做大做响，这样你就能抓住那些对你的职业生涯轨迹有影响的人的注意力。

⑩ 如果你能有效地结合你的线下和线上表现，你可以更快地扩大规模，并创建一个持久的品牌。

第9章

为顶级客户服务：
如何让斯嘉丽·约翰逊
和你一起吃热辣鸡翅

现在你已经了解了如何创建诱点、讲述引人入胜的故事、建立信任和信誉、倾听、提供价值和扩大业务规模，那么你就已经做好了吸引知名客户，达成更大的交易，并在高层环境中生存的准备。建立并维护与顶级客户联系的关键，是知道如何做出正确的决定，这能让你在几秒内脱颖而出。

赛琳娜·戈麦斯和吉米·法伦边吃辣翅边哭

你不必发明新的产品或服务来吸引顶级客户，你只需要找到创新的方法来包装你的产品或服务，使它们更具吸引力。由克里斯托弗·肖伯格（Christopher Schonberger）创作的《辣与美食》（*Hot Ones*）是一个网络系列节目，名人们一边吃着一大盘越来越辣的鸡翅，一边接受节目主持人肖恩·埃文斯（Sean Evans）的采访。吸引人们观看这部电视节目的一个诱点是，名人们吃的是世界上最辣的鸡翅，他们在采访中对这非同寻常的辣有着疯狂的反应。这些鸡翅太辣了，有些人哭了，有些人呕吐了，喜剧演员鲍比·李（Bobby Lee）甚至拉在裤子里了。这部系列节目的口号是："本节目有热辣的问题，还有更热辣的鸡翅。"客人每吃一个鸡翅之后，就会被问到一个问题，如果他们能把十个鸡翅都吃了，他们就可以开始宣传他们当时正在进行的项目。不能把鸡翅吃完的客人也有机会宣传他们的项目，但他们会被添加到节目的"耻辱大厅"里。

《辣与美食》邀请了斯嘉丽·约翰逊（Scarlett Johansson）、沙克、塞思·迈耶斯（Seth Meyers）、约翰·梅耶、凯文·哈特和娜塔莉·波特曼（Natalie Portman）等众多名人嘉宾。作为《辣与美食》的一段特别节目，在吉米·法伦主持的《今夜秀》（*The Tonight Show*）中，甚至有塞琳娜·戈麦斯的现场版本的表演。肖伯格提出的这个新奇的点子，使访谈更有趣、更独特，从而吸引了这些名人参加节目。诱点让他在激烈的竞争脱颖而出，并吸引了世界级的客人。

想一想，你如何将这些看似普通的产品或服务，通过呈现方式的转变使它们脱颖而出。如果你能找到创新的方法，它可能会帮助你更快地吸引你梦寐以求的客户。

获取和维护顶级客户

顶级客户可能很难接触到，但如果你能为他们提供一些有价值的东西，并且以正确的方式去做，也是可以得到的。很多人对我和泰勒·斯威夫特共事过的经历印象深刻，但他们没有意识到的是，要找到像她这样的客户并不像人们通常认为的那样困难。

要接触到有这样地位的人，你只需要一个有效的策略。我采用了接触超级连接者的策略。如果你想接近像斯威夫特这样的人，你不能直接去找她。你必须通过她周围的信任圈，为其中某个人提供价值。正如我之前提到的，当我与斯威夫特的经理、父亲和母亲会面时，我为他们提供了价值，这样我就可以实现与她合作的最终目标。如果我直接去找斯威夫特，那就不会成功了，因为如果没有可靠的推荐人，她很可能不会和陌生人见面。

与知名人士建立信任

一旦你进入了你想要合作的知名人士的圈子，你就需要专注于建立信任。名人、首席执行官和亿万富翁通常会聘请保镖以保护自己不受伤害，因为有许多人想利用他们谋取私利。如果你与他们进行真诚的交谈而不去推销，那你就会脱颖而出。如果你只是倾听他们的意见，并为他们的问题和成长障碍提供解决方案，他们会更愿意与你合作。选择提供有价值的信息和见解，将使你比其他接近知名人士的人更具优势。

迈克尔·布劳斯提到，很多亿万富翁、百万富翁和名人都是靠社会公信力工作的——不是取决于在脸书或"照片墙"上有多少粉丝，而是取决于所写的文章和在媒体上露面的声望水平。他建议你准备一份最新的个人简历，包括你的媒体报道，这样你就可以很快证明你的社会公信力。迈克尔·布劳斯利用这种信誉进行陌生推销，以便与名人联系。例如，他会寻找关于名人睡不好的新闻报道，并联系他们提供帮助。

布劳斯通常会这样写："嘿，我是个睡眠专家，而且我离你不远。我想我可能知道你遇到了什么问题。我很乐意免费帮助你。"十有八九，基于他被证实的业绩，这个人会花时间去拜访他，和他交流。最棒的是，一旦布劳斯帮助病人康复，他就会经常谈论布劳斯所做的事情，而这会产生更多的生意。

然而，对于亿万富翁来说，布劳斯会走得更慢一些（尽管是稳定的）。你永远不想让人觉得你好像是在追求知名人士的钱，所以如果布劳斯发现一个亿万富翁有睡眠相关的问题，他不会伸出手说，"嘿，让我来解决你的问题"。相反，为了建立融洽的关系，他可能会给这个人发几篇文章，这些文章都是针对他个人的具体问题而写的。这就是为什么接受有钱人阅读的报纸、杂志或期刊的采访，比如《罗博报告》（*The Robb Report*）、《商业内幕》（*Business Insider*）或《华尔街日报》（*Wall Street Journal*），对潜在客户开发非常有帮助，它有助于快速建立信誉。

如果媒体没有报道你的产品或服务所涉及的问题类型，那么想想名人和亿万富翁在哪里闲逛，以及你如何在他们面前出现。例如，布劳斯与"青年总统组织"合作。一家企业要被邀请加入这个俱乐部，每年的总收入必须超过1000万美元。当布劳斯向这类群体发表演讲时，他就把自己直接放在了他想要接触的人群的面前。加入一个乡村俱乐部，或在一个专门的俱乐部做讲座，可以帮助你建立人际网络，建立新的联系并获得生意。这些联系也会带来转介绍，从长远来看，这是接触知名人士的最佳策略。

所以，你需要制订接触杰出人士的策略。与他们的核心圈建立信任，并将自己置身于那些潜在客户能看到你的环境当中。如果你擅长你的工作，并且尝试用你的产品和服务提供解决方案，你会走得更远。

是什么让首席执行官夜不能寐

为了准备与客户进行高层会晤，分享力公司的艾瑞克·布朗斯坦会问自己："是什么让首席执行官夜不能寐？"他发现，这就是那些与巨无霸公司合作的顾问们思考的——他们试图发现首席执行官们想要解决的问题。当和公司领导在一起时，布朗斯坦经常会问："作为公司的领导，你最优先考虑的是什么，以及你最担心的是什么？"

在与这一级别的人接触了一段时间之后，布朗斯坦意识到，他的首席执行官客户可能不会去想："我们下一个走红的视频会有多少浏览量？"而是会想："世界已经数字化了，而我们还没有。我们如何才能在这个新世界中成为一个重要的参与者？"首席执行官的担忧与品牌营销总监的担忧截然不同，后者负责制定预算和衡量指标。当把自己推销给不同人的时候，你需要采取非常不同的方法。

最近，布朗斯坦与一家跨国集团的董事长通了电话，该集团营收接近500亿美元。为了确保这次会议的有效展开，布朗斯坦的诱点是："我知道您关注的重点是，您的公司参与了一项公益事业，即如何提高民众对气候变化的意识，以及公司在其中应该扮演的角色。我们正在与迪卡普里奥基金会（DiCaprio Foundation）和其他几个大公司合作，他们也在关注这个问题。我想谈谈我们如何整合资源以产生更大的影响。"上面这一诱点，与布朗斯坦对该集团旗下近百个品牌之一的经理所传递的诱点非常不同。这也比他向群众宣传所用的诱点要长得多（这种较复杂的诱点是有效的，因为它针对的是一个特定的人，并且是直接传递的）。

沟通必须针对每个案例。如果布朗斯坦是在与一家预算很少、由风险投资支持的初创企业交谈，他会为自己的客户提供成本最低的选择，这些服务仍能提供真正的价值。信息将以一种非常不同的方式，呈现给一家拥有数百万美元预算、希望进行数字化转型的老牌公司。

这一切都要回到理解你的听众和他们的需求上来。确保你知道你的目标是谁，设身处地为他们着想，提出正确的问题。这将帮助你为各种类型的客户提供最好的服务。

> **奥普拉·温弗瑞（Oprah Winfrey）每次会面都会问的三个问题**
>
> 　下面是奥普拉·温弗瑞提出的三个问题："我们这次会面的目的是什么？""什么是重要的？""还有什么是重要的？"《高绩效习惯：非凡的人是如何变成那样》（*High Performance Habits：How Extraordinary People Become That Way*）一书的作者布伦登·伯查德（Brendon Burchard）认为，奥普拉·温弗瑞用这些问题来帮助在座的每个人站到同一个角度。
>
> 　以上问题有助于我们理解一线明星的思维方式。我们看到他们很专注，不想浪费时间。所以在你的下次重要会议之前考虑一下这些问题，让它们帮助你做好准备。

在最高水平上生存的关键

兑现你的承诺很重要，因为它有助于你保持信任和信誉。然而，如果由于某种原因你不能兑现承诺，要确保你能清楚地说出原因。你和你的客户之间强有力的沟通是必不可少的。了解客户的沟通方式，他们喜欢接收什么类型的信息，以及他们喜欢如何接收这些信息。有些客户希望通过电话沟通，你可以每天、每周或每月与其电话一次更新进展。其他人则喜欢通过电子邮件接收到一份非常详细的进度更新报告。你还可以使用第4章中概述的过程沟通模型来匹配你的客户或潜在客户的沟通风格。

此外，弄清楚如何沟通可以帮助你处理棘手的客户。例如，演员凯文·科斯特纳对与教练合作不感兴趣，但他的妻子鼓励他与白金健身俱乐部老板彼得·帕克会面。这是帕克第一次感到自己可能会在客户面前失败。科斯特纳对去健身房并不热衷，帕克也在努力寻找一个诱点来激励他。最终，帕克意识到科斯特纳对棒球有着深厚的热爱。当这位演员走进体育馆，看到帕克在训练许多职业棒球运动员时，他开始兴奋起来。他们开始谈论棒球，科斯特纳被帕克对他喜爱的运动的熟悉程度所吸引。正是这个诱点打破了障碍，让科斯特纳对帕克的经验和训练产生了兴趣。找到这种联系有助于他们沟通。他们的交流从棒球开始，并开始谈论他们的孩子，从那以后他们的关系一直很好。

一旦我获得了客户，我就会做调查，弄清楚他们喜欢如何交流，他们喜欢什么和不喜欢什么，以及他们业务的相关问题是什么。然后我把所有的信息集中起来，找出一种方法来保持与他们的有效沟通和紧密联系。

我们的个人生活和业务都是围绕着交流而进行的。从某种意义上说，每一场冲突和战争都是沟通不畅的结果。所以，尽你所能成为最好的沟通者，创造成功与和谐。

一个尺码不会适合所有人

彼得·帕克经常和自己比赛，看他能多快地找出一个新客户需要什么样的锻炼计划。这些日子里，他可以很快地看出客户是哪种类型，是否需要一个超严格的、有挑战性的、生酮的锻炼方案，还是说他们需要一个更轻松的训练计划。帕克通过调查制订最佳训练计划，并在训练开始后按计划实施。

他指出，一些私人教练会对所有客户进行千篇一律的训练，但这并不奏效，往往会导致巨大的客户留存问题。相反，他们应该针对每个客户找到最佳的方法。

一个尺码永远不会适合所有人，这就是为什么测试和学习的过程适用于任何企业。如果你想获得一流的客户，要善于适应，把每个人都当作一个独立个体来看待，满足他们的需求，这样你就能为所有人提供一流的服务。

与顶级客户的相处之道

当与知名客户合作时，很多人都会感到紧张，从而失去信心。但即使彼得·帕克在埃隆·马斯克的家里，他也知道企业家不过是另一个人而已。一旦他开始观察马斯克的行动，就会发现人就是人，无论他们有怎样的声望。

但彼得·帕克并不总是那么冷静。在他与兰斯·阿姆斯特朗等第一批大客户合作时，他会非常紧张。他需要时间和经验来培养100%的自信。现在，当他走进一个房间，他知道自己擅长的工作，他的态度是："我要进去告诉这个人，他的生活离不开我。"他的客户渴望健康，他知道他可以帮助他们实现目标。

当你第一次置身于与世界上最成功的人打交道的环境中时，感到不安是很正常的。为了更好地控制无谓的紧张情绪，请关注当下并专注于工作。

巧妙的边界艺术

有时名人客户很难相处，他们可能需要很多额外的关注，因此计划拥有很多这一类型的客户是不切实际的。你必须为自己设定界限，并确保不要为特定的客户倾斜过多资源，尤其是他们会损害你的其他业务和客户时。

最近，我和一位非常想和我合作的名人客户进行了讨论。根据与他的团队的初步沟通，我知道很难与他合作。最后我给我的服务开出了一个天价，因为我真的不想和他较劲。如果我接手这次合作的话，我想要足够的经济补偿来应对这些潜在的困难。由于我的服务开出了这么高的价格，这次合作没有成功（这也是我这么做的根本原因）。

为了提供世界一流的服务，要避免难相处的人和磨人的人。就我个人而言，我不喜欢与难相处的人打交道。我的私人客户给了我很多钱，我需要把很多注意力集中在他们身上，以确保他们成功，因此我在挑选合作对象方面非常谨慎。在与新客户合作之前，我总是对他们进行调查，以确定他们是否合适。

不要仅仅因为客户的金钱或声望而处处妥协。你需要为你和你的企业设立界限，这样你就可以与重要的客户保持信任和信誉。确保你选择了正确的客户，你可以和他们建立良好的关系。这样做将使你能更好地为客户提供一流服务。

当软弱等于成功

你需要了解自己的优势，并找到能在薄弱领域为你提供帮助的人。清楚地了解自己擅长什么和不擅长什么是至关重要的。有了这种意识，你就能加倍努力去做你擅长的事情，并更有效地利用你的能量。

很多人认为恰恰相反，他们觉得需要集中精力在自己的薄弱领域来填补空白。如果某个领域或技能对你的成功至关重要，那就去改进它吧。否则，我建议你专注于自己擅长的专业。换句话说，如果你有沟通和语言技能的天赋，不要把注意力放在数学和写代码上。

最成功的人大智若愚

最成功的人通常是谦虚的。他们明白他们并不知道一切，所以他们对知识保持饥渴。相反，无知的人认为他们已经知道了一切，所以他们停止了学习，最终会失败。无论是竞争对手还是相关领域的人，我都在不断地向他们学习。我喜欢和人们谈论他们的定价结构、商业模式和营销策略——我喜欢了解他们如何处理工作的不同方面。然后我剖析我所学到的知识，并找出了应用这些信息改进我的商业模式的方法。

最近，我遇到了作家兼首席执行官内森·拉特卡（Nathan Latka），一位非常聪明和成功的企业家，他是《华尔街日报》畅销书《如何成为一个没有任何资本的资本家：致富必须打破的四条规则》（*How to Be a Capitalist Without Any Capital：The Four Rules You Must Break to Get Rich*）的作者。我很高兴和他一边吃早餐，一边听他详解他的商业策略。引起我共鸣的一件事是，他刚开始创业时，只会向潜在客户和合作伙伴提供价值百万美元的交易。他知道大多数交易都会被拒绝，但这让他可以坦然索要巨额资金。我发现这是一个非常聪明的处理商业心态的方法，你会很快学会如何改变你对自我价值的认知，以及如何向他人展示你的价值。

通过与聪明甚至精明的商人交谈，你可以了解他们是如何做生意的。你不必照着做，但你可以拿到这些信息，消化一下，然后决定是否以及如何使用它。你不必从头开始，你可以让别人的成功指引你创造自己的成功。

● ● ● **本章回顾** ● ● ●

① 建立和维护与名人客户的联系的关键，是保持头脑清醒并设定界限。

② 如果你想接触名人、首席执行官或亿万富翁，不要直接接触他们。通过他们周围的信任圈，为其中需要帮助的人提供价值。

③ 在与首席执行官会面之前，问一下自己："是什么让他们夜不能寐？"

④ 当你和公司的领导在一起时，问一下："作为公司的领导，你最优先考虑的是什么？"以及"你最担心的是什么？"

⑤ 如果你想要一流的客户，要善于适应，把每个人都当作一个独立个体来看待，满足他们的需求，这样你就可以

为所有人提供一流的服务。

6 如果你在高层周围感到不安，记得关注当下并专注于工作。

7 了解自己的优势，雇用能在薄弱领域为你提供帮助的人。

8 你不必从头开始，你可以从别人的成功中学习，让它指引你创造自己的成功。

第10章

摆脱诱点疲劳：
不断修订、测试、创新你的诱点

正如我们在本书中一直讲的那样，诱点旨在帮你在3秒的世界脱颖而出。一旦你已经识别并优化了诱点的流程，你就需要打造扎实的品牌，来支持通过诱点所带来的增长。如果你的品牌是扎实的，你就能更好地利用你从有效的诱点中所获得的关注。

你还需要持续不断地修订、测验和创新你的诱点（尤其是当你已经成功的时候）。在今天有效的方法可能在一年以后、一个月以后甚至从现在起的一周后就行不通了。这种情况是由"诱点疲劳"（hook fatigue）所引发的，我会在本章的最后来讨论这个问题。只有亲身参与创新诱点过程，才能获得长期的成功。

你是谁

当谷德设计网（Works Collective）的创始人、美国顶尖品牌战略家——内特·莫利（Nate Morley）与一个品牌合作时，他帮助他们回答了关于"他们是谁"的基本问题：

- 我们的目的是什么？
- 我们存在的意义是什么？
- 我们想表达什么？
- 我们想说给谁听？

- 我们如何与众不同？

- 我们看重什么？

- 我们如何行动？

- 我们和同一领域的其他人有何不同？

莫利解释说，当品牌回答这些问题时，他们就会知道自己是谁，并形成一个独特的观点。他认为，长久的成功不在于知道自己做什么，而在于知道自己是谁。如果你仅仅谈论自己做什么，就会使自己更容易受到竞争对手的攻击，就不能与人们建立长期的有意义的联系。莫利说，"世界上最好的品牌利用他们的营销工作告诉人们他们是谁，同时也通过他们做什么、生产什么或提供什么，来表明并证明他们是谁。"

然而，莫利指出，对于刚刚起步的公司来说，在谈到自己是谁之前，有时他们需要先谈谈自己是做什么的。例如，Chatbooks（相册印刷公司，莫利是其顾问）是通过下面这句话来开始他们的营销工作的："从你的'照片墙'账号打印6美元的相册。"这条消息有助于公司的启动和运转——最初的用户需要知道Chatbooks是做什么的，但随着公司的发展和竞争对手的到来，他们最终不得不更改这条消息。

莫利认为，"想象一下，如果Chatbooks在成立两年后仍然使用同样的广告语，而另一家公司出现了，并说，'从你的照片墙账号打印5美元的相册'，这将使Chatbooks岌岌可危。这在任何领域都是不可避免的。在某个时刻，一个品牌必须进行转型，在品牌早期需要谈论自己是做什么的，现在则要谈论自己是谁，来保持客户的忠诚度"。

谈论自己是谁影响深远。为了帮助Chatbooks在原有的广告语的基础上进化，莫利向创始人们提问，为什么要创立公司，为什么要出售相册。通过回答这些基本问题，创始人们了解到，"他们是谁"和"他们为什么做"与他们加强家庭联系的愿望紧密相连。在发现这一点后，莫利研究出一条广告语：掌握关键。Chatbooks让人们用一种完全新颖的方式掌握对他们有意义的东西——记忆、人、经历等。一语双关，一举两得，顾客不仅可以掌握自己的记忆，还可以手持实体的相册。

莫利解释说，"Chatbooks从一家6美元的相册印刷公司进化成了一家'掌握关键'的公司，他们甚至更进一步——目前他们正在讨论巩固家庭"。莫利说，科学证明，让你家里的照片可以被看到和接触到，能够帮助你与孩子、父母、祖父母和堂兄弟姐妹建立联系的纽带，它能使家庭更加亲密。Chatbooks已经成为一家帮助经营家庭的公司，其表现形式多种多样。莫利围绕"我们做什么"和"我们是谁"之间的区别对这家公司做出指导，帮助品牌得以进化。

之所以要花时间去探索你是谁，是因为这会帮助你的公司成长，并获得长久的发展。你的客户忠诚于你是谁，而不是你做什么。你可能需要时间去探索这些问题的答案，但你不会后悔问自己这些基础性问题。

这可能并不容易，但也可能很简单

许多人发现想出了不起的诱点和故事是很难的。卢皮纳奇说，事实是虽然它可能很难，但它也很简单。他指出，写电影、攀登珠穆朗玛峰和完成铁人三项赛事绝非易事，但实际上它们也都很容易拆解和细化——为了实现每个目标，需要采取几个明确的步骤——关键是完成这些步骤很难。例如，要完成铁人三项，你只需要游泳2.4英里（1英里=1.609344千米），骑行112英里，跑步26.2英里。当卢皮纳奇向人们解释这一点时，人们通常会说："这听起来很难。"他回答说："我没说这很容易，我说这'很简单'。"

卢皮纳奇继续说："找到一个能让人们停下脚步的诱点很简单。我们都知道这听起来像什么——就像1969年报纸的标题《凌晨3：56，人类登上月球》（*3：56 am: man steps on to the moon*）。"事后识别一个重要的诱点很容易，创建一个诱点的步骤也很简单，但实际上要为你的企业或品牌找到一个诱点很难。这就是为什么你需要每天都这样做，并将诱点框架牢记在心。不论做什么事情，想要成为大师都需要反复练习。幸运的是，在过去的15年里，我每天都能反复练习。

像漫威经营工作室一样经营你的品牌

奥美娱乐（Ogilvy Entertainment）前总裁、Big Block现任总裁道格·斯格特认为，因为我们生活在一个"稍纵即逝"的世界里，数字和社交媒体让一切都以更快的速度发展，所以品牌往往忽视了建立长期的消费者关系的重要性，而只关注短期的宣传活动。他解释说，尽管现在很多销售策略都是直接针对消费者的，但品牌需要继续建立自己的文化关联。通常人们都是在乘坐交通工具或休息时间，浏览社交媒体消息，直到有什么吸引住他们，他们才会点开浏览。如今，你可以通过许多碎片化接触点快速地向消费者营销和销售。但要真正成功地将在这些短暂的窗口中吸引的注意力转变为实际的销售业绩，你需要与客户建立牢固的关系，并保证不同平台的内容上是一致的。

请记住，品牌是讲故事的人，与漫威工作室没有什么不同。道格·斯格特认为漫威工作室的总裁凯文·费格在跨媒体讲故事方面做得非常出色，他说："漫威和迪斯尼已经建立了一个跨媒体的元宇宙，这对于帮助人们与他们的角色和故事建立联系至关重要。因此，如果对于漫威来说，这是一个战略工具，那为什么一个全球品牌会认为，在不同平台上讲故事让信息保持一致、内容清晰并不重要呢？"

　　你不能只是在社交媒体上吸引某人的注意力，然后抛弃这种联系，或者展示一些与你的其他内容不协调的引人注目的东西。你的品牌需要像电影制片厂一样有组织性。道格·斯格特解释说，产品升级到主流品牌，定位就像在特许经营区内的电影一样。他们带动你的"制片厂"的投资回报和季度收益，应该很清楚的是，你的"毛绒玩具"和"主题公园体验"是你的知识产权的一部分，而不是其他人的。玩具代表你的产品，主题公园代表你的实体商店或社交媒体内容，人们可以在那里参与和体验你的制作。

　　道格·斯格特认为，无论一个人在漫长的一天后是看了30秒的电视广告，还是在他们的社交媒体上看到了什么内容，或是收到了电子邮件，品牌的叙述都需要一致和相关，因为这才能获得时间和注意力有限的消费者的许可和信任。

找到你的关键解决方案

　　卢皮纳奇解释说，电影《点石成金》（*Moneyball*）中的一个主要情节是，几年来，侦探们会仔细研究大量的统计数据来确定球坛新秀。在电影中，乔纳·希尔（Jonah Hill）饰演的角色意识到，最终只有一个数据点很重要，那就是球员是否能上一垒。这是因为如果他们做不到这一点，他们就不能得分。所以这听起来很不可思议，如果球员能稳定地先上一垒，那么他们可能得到的每一个负面统计数据都会被削弱，反之亦然。即使球员擅长某些位置并吹嘘各种纪录，如果他们不能稳定地上一垒，那么这实际上也无助于球队。

用这个类比，卢皮纳奇试图为他所有的客户找到点石成金的解决方案。在商业战略和广告方面，点石成金的解决方案是帮助公司理解他们为什么做出决定。例如，卢皮纳奇假设苹果公司的成功植根于这样一种信念系统："如果你想要成功，你不需要更努力或更聪明地思考，你只需要'不同凡想'。"这个"不同凡想"原则在理论上是帮助苹果做出所有决定的点石成金解决方案。

"为什么苹果公司想出了开自己品牌零售店的主意？难道他们就不能在百思买（Best Buy）销售他们的产品吗？"回答是："不，因为他们必须'不同凡想'。"如果有人问："为什么苹果公司在设计和包装上投入如此多的精力和金钱？人们打开包装，不就把它们扔掉了吗？"同样，由点石成金解决方案给出的回答是："确实如此，但他们'不同凡想'。"

另一个曾经受益于点石成金解决方案的公司是联邦快递（FedEx）。卢皮纳奇问道："你知道要想在商业上成功，有些事情必须要在一夜之间完成吗？"对此，大多数人会回答："据我所知是的。""你知道许多人不再每周工作40小时，而是工作

80小时，以确保在一天结束的时候，很多东西送到全国各地，并且是在一夜之间送达吗？"对此，大多数人会再次回答："是的，联邦快递就是这个问题的解决方案。"

有人可能会争辩说，在他们的业务发展过程中，联邦快递所做的每一件事都是为了确保用户信任他们的包裹会绝对、肯定地在他们承诺的时间和地点到达。当联邦快递决定额外购买卡车时，这有助于他们信守承诺。他们决定收购 Kinko（美国零售连锁店），是因为这次收购使他们更容易获得更多类型的东西，以便在人们需要的时候可以到达他们必须去的地方。联邦快递的每一个决定都是因为处于指导地位的点石成金原则。

在我看来，点石成金解决方案同样也体现了你的诱点的重要性。拥有一个出色的诱点是点石成金解决方案的第一步，因为它实际上是让你与你的客户建立良好关系的第一步。没有它，你不可能获得任何人的注意，从而获得更多的流量。诱点帮助你赢得客户的时间和注意力，以便你可以告诉他们驱动你业务的故事和信念。

同理心是创新的最大驱动力

卢皮纳奇说，当你试图为诱点和故事提出新的想法时，你应该牢记"同理心是创新的最大驱动力"。你正试图解决人们的问题，而你能为客户解决的最重要的问题往往与你的产品相互排斥。例如，卢皮纳奇解释说，耐克一直以来遇到的主要问题是，尽管许多人渴望运动，但并非每个人都觉得自己足够健康或有足够的信心去健身房、参加课程或从事一项运动。耐克的解决方案是不断鼓励所有人以各种方式"想到就做"。这条广告语的亮点是，你甚至不需要购买他们的产品——你只需要走出去，做任何你想做的事情。

卢皮纳奇补充道，我们中的大多数人都对脑海回荡的个人问题坐卧不安，所以，在你使用诱点、故事或产品的同时，你可以问"我怎样才能帮助你？"而不是"你想尝试我们的新'XYZ'吗？"，这样就能更好地与消费者联系起来。使用同理心来理解客户的需求，可以帮助你用有意义的创新解决方案来介绍你的服务和产品。使用同理心可以帮助你走得更远更快，也可以帮助你想出更好的诱点。

包容才能成功

傻瓜系列丛书的创作者约翰·基尔库伦说，我们通常会雇用与我们相似或熟悉的人。他建议打破这个循环和标准。通过思想、地理和观点的包容性和多样性，你会更快地发现更伟大的真理并获得突破性的见解。

他还建议在业务和团队中创造一个良好的压力环境。适度的压力是积极的心理压力，这对人有利。创造这种环境会让人们感觉到他们在茁壮成长。他们会想：哇，这工作需要花费大量时间，但我感受到了挑战、压力并为之振奋。但是，要注意的是，你需要在人们感到压力过度和对挑战真正充满激情之间找到平衡。

诱点马拉松

忍耐、追随和学习的意愿是大多数人成功的关键。只有当你放弃时，你才会失败。保持坚定的职业道德，与鼓舞和支持你的人同行——远离那些毁掉你、不相信你梦想的人。

当你朝着你的目标努力的时候，也要记住清楚你的身份以及你行动的原因。把你的诱点和你的个人理念联系起来，通过你的故事提供价值，忠于你自己，不要放弃。本书的原则将帮助你迅速脱颖而出。

诱点疲劳：即使你成功了，也要继续不停地尝试

总有一天，你会发现一个诱点可以帮助你脱颖而出，并扩大你的品牌。当这种情况发生时，你可能会认为你的工作已经完

成，但再仔细想想，你将诱点框架应用到你的业务上的工作才刚刚开始。诱点需要不断地修订、测试和创新。今天有用的，可能明年、下个月甚至一周后就不再奏效了。这就是由于一些因素导致了我所说的"诱点疲劳"。

诱点疲劳的第一个原因是"模仿是最真诚的奉承"。如果你想出了一个新的诱点，就会有人模仿你的想法，这是不可避免的。当这种情况发生时，把它当作一种恭维，重新开始，因为你的诱点将变得不那么有效。不幸的是，即使另一家公司复制你的诱点时做得并不好，也会使你的诱点失去独特性。

在前面我们讨论了其他品牌如何复制汤姆鞋的"一帮一"诱点。这是一个非常出色的诱点，效果非常好，但当其他品牌开始将这一概念应用到他们的营销活动中时，它就变得不那么独特了，因此也就不那么有效了。网飞的原始诱点也是如此。最初，网飞通过推出流媒体服务击败了竞争对手，尤其是百视达。今天，Hulu（视频网站）、亚马逊、迪斯尼和美国电视网都有自己的流媒体服务。竞争迫使网飞进行创新，这就是他们计划2020年在内容创作上花费近170亿美元的原因。目前，网飞的原创内容，如《怪奇物语》和《伞学院》（*The Umbrella Academy*），都是网飞的重要卖点。

第二个原因是你需要不断发展你的诱点，因为无论其他品牌是否模仿他们，随着时间的推移，诱点都会失去吸引力。一旦人们太熟悉你的诱点，你就会被迫创新。迪士尼乐园和迪士尼世界的决策者们很清楚这个事实，这就是为什么他们投资10亿美元来建造"星球大战：银河边缘"（我在第1章提到的迪士尼乐园和迪士尼世界内的星战主题区）。迪士尼知道要保持高收入，他们需要游客不断涌入游乐园。我并不是说如果迪士尼不再推出新的游乐项目，就不会有人再回到这些娱乐场所——我只是简单地解释一下，如果迪士尼想在我们现在生活的这个3秒的世界里保持他们的市场份额和关注，他们就必须保持相关性，并创造新的吸引点，吸引人们反复游玩。

每周都会有新的诱点

生成新的诱点的频率对于每个品牌和企业都是不同的。有些品牌可以等几年，而其他品牌则需要每天创建新的吸引点。例如，当我与凯蒂·库里克合作时，我们每隔几天就进行一次采访，并创建新的诱点来吸引人们访问她每天发布的新内容。与网飞相比，耐克和许多其他品牌，不必如此频繁提出诱点。此外，请密切关注你的竞争对手，因为他们所做的将会影响你需要创建新诱点的频率。总之，不管你的行业和品牌的大小，我都建议你将下一个诱点放在心底。在注意力碎片化的时代，拥有引人注目的诱点是确保你脱颖而出并保持市场份额的最佳方法之一。

然而，话虽如此，我还是有一句忠告——确保不断创新和发展你的诱点，不要让你的消费者感到迷惑。耐克和网飞处于这样一种境地，他们可以拥有成百上千个诱点，还不会让他们的消费者感到迷惑，这是因为人们对这些牌子非常熟悉——他们有坚实的基础和品牌声音，所以当他们想出新的诱点时不会迷失方向。而其他不太知名的牌子则没有这种特权。他们可能需要先将注意力集中在一两个诱点上，持续6个月到1年，以建立一个坚实的基础，之后在用户开始诱点疲劳之前寻找到新诱点。

创建诱点的5步流程是你的救生筏

了解诱点，并通过"创建诱点的5步流程"工作，对任何公司都会有帮助。如果你将此框架的使用纳入总体业务战略，你将领先竞争对手。不断修订和检查你的诱点会给你力量。即使是克雷格·克莱门斯，他的文案已经帮助企业售出了超过10亿美元的产品，他仍然在为金河马的登录页面进行测试和撰写文案。他说："我仍在撰写诱点、标题和文案，因为它让我保持创新。检验新想法有助于我保持创新，并经营一家更成功的公司。"

我希望你知道，诱点框架以及你在本书中学到的所有东西，都是你应该反复使用的工具。大多数情况下，你不会在第一次就创造出最好的诱点，即使你马上就取得了巨大的成功，你的成功的诱点最终也会衰落。要想取得长期的成功，诱点需要不断地被创造、测试和修订。我认识的一些人通过不断地测试和对自己及其品牌的改进取得了显著的成果。

要知道，今天行之有效的方法在明天、六个月或一年后可能不会奏效。要确保你与潜在消费者保持联系并保持头脑清醒，在你的商业方法中灌输诱点框架和"测试、学习和进化"的思维方式。它将帮助你创建最好的诱点，并使你的品牌、产品和服务有长期成功的机会。这些概念帮助你在竞争对手来袭、经济低迷、整个行业出现问题或遇到其他障碍时生存下来。创新使你保持强大，并帮助你在3秒的世界名列前茅。

●　●　　● 本章回顾 ●　　●　　●

① 建立一个稳固的品牌基础，以支持和保持你通过诱点获得的关注度。

② 花些时间回答本章中的基本问题。这将带来长久的成长、成功和力量。

③ 为你的业务或品牌找到一个诱点是很困难的，这就是为什么你需要每天为之工作并牢记诱点框架。

④ 品牌是讲故事的人——与漫威工作室没有什么不同——所以把你的品牌当作电影工作室一样对待，并在不同平

台上让你的信息保持一致并且清晰。

⑤ 诱点帮助你赢得消费者的时间和关注，这样你就可以告诉他们驱动你的业务的故事和信念。

⑥ 用同理心来理解客户的需求，这样你就可以用有意义的创新解决方案来介绍你的服务和产品。

⑦ 需要不断地修订、测试和创新诱点。

⑧ 有一个属于你的引人注目的诱点是确保你脱颖而出并保持市场份额的最好方法之一。

⑨ 如果你将"诱点框架"应用到你的总体商业战略中，那么你将会在竞争对手身上占得先机。不断地修订和检查你的诱点使你有能力在竞争对手来袭、经济低迷、整个行业出现问题或遇到其他障碍时生存下来。

⑩ 在你的商业方法中灌输"测试、学习和进化"的思维方式。

⑪ 创新让你保持强大，帮助你在3秒的世界名列前茅。